Anonymous

Das königl. bayerische Strafprozessgesetz vom 10 November

1848

in Verbindung mit den noch gültigen Bestimmungen des II. Theils des

Strafgesetzbuchs vom Jahre 1813

Anonymous

Das königl. bayerische Strafprozessgesetz vom 10 November 1848
in Verbindung mit den noch gültigen Bestimmungen des II. Theils des Strafgesetzbuchs vom Jahre 1813

ISBN/EAN: 9783743626300

Hergestellt in Europa, USA, Kanada, Australien, Japan

Cover: Foto ©Suzi / pixelio.de

Weitere Bücher finden Sie auf **www.hansebooks.com**

Repertorium

zu dem

Strafprozeßgesetze vom 10. Nov. 1848

und den darauf bezüglichen späteren Gesetzen,

herausgegeben

von der

Redaktion der „Gesetzgebung des Königreichs Bayern mit Erläuterungen."

Zweites Supplementheft.

Separatabdruck aus der „Gesetzgebung des Königreichs Bayern".

Erlangen,
Verlag von Palm & Enke.
(Adolph Enke.)
1866.

Druck von Junge & Sohn in Erlangen.

I.

Strafprozeßgesetz vom 10. November 1848.

Art. 2.

Die Untersuchungsrichter am nämlichen Bezirksgerichte sollen sich über ihre auswärtigen Geschäfte einigen, so daß wo möglich einer am Amtssitze bleibt. Ueber seine Entfernung vom Amtssitze hat der Untersuchungsrichter den Gerichtsvorstand in Kenntniß zu setzen. JME. vom 16. März 1866. (JMBl. 1866 S. 57.)

Art. 9.

Gegen Dißziplinarverfügungen, welche vom Untersuchungsrichter gegen Beschuldigte erlassen werden, findet außer der Beschwerde zum Bezirksgerichte kein Rechtsmittel statt. Erk. d. Appell.-Ger. der Oberpfalz v. 12. Februar 1865. (Stenglein, Gerichtszeitung IV S. 204.)

Art. 19.

1) Im Allgemeinen.

Ueber Staatsanwaltschaft und deren Wirksamkeit: Gerichtssaal Bb. XI S. 350; XII S. 357.

2) Hilfsarbeiter bei der Staatsanwaltschaft:

Die beßfallsigen Bestimmungen in der VO. vom 24. Mai 1852 sind aufgehoben durch VO. vom 3. August 1863, und gibt jetzt hierüber Maß §. 9 letzterer VO. (Reg.-Bl. S. 1286), in Verbindung mit den Dienstesvorschriften für die Staatsanwälte vom 20. Juni 1862 §. 6.

3) Staatsanwaltsvertreter.

a) Verehelichungsgesuche der Staatsanwaltsvertreter verbescheidet der Oberstaatsanwalt. JME. vom 29. Oktober 1863. (Autograph.)

b) Einschärfung wegen Ausweis der Subsistenzmittel bei solchen Verehelichungsgesuchen. JME. v. 23 Juni 1865. (JMBl. 1865 S. 89.)

c) Die zu Staatsanwaltsvertretern dermalen noch aufgestellten Bediensteten von Gemeinden sind gerade so wie die übrigen Vertreter zu qualifiziren, die erhobenen Qualifikationsbögen aber nicht dem Generalstaatsanwalte, sondern unmittelbar der betreffenden Regierung,

1 *

Kammer des Innern, durch den Oberstaatsanwalt vorzulegen. Entschl. des K. Staatsminist. des Innern vom 9. August 1862, Nr. 14579; Justizminist.-Entschl. vom 10. November 1862; Entschl. des Staatsministeriums des Innern vom 5. November 1863, mitgetheilt durch Justizminist.-Entschl. vom 8. Nov. 1863.

4) Begnadigungswesen.

a) Begnadigungsgesuche wegen Widerspenstigkeit gegen das Heerergänzungsgesetz sind auch dann gleich Begnadigungsgesuchen in Vergehenssachen zu instruiren, wenn sie sich auf Fälle beziehen, welche vor 1. Juli 1862 abgeurtheilt wurden. JME. v. 6. April 1864, Begnadigungsgesuch des Sendel Sachs von Altenschönbach betr.

b) Gesuche, welche ausschließlich den Nachlaß von Untersuchungs- und Strafvollzugskosten bezielen, fallen lediglich dem finanziellen Geschäftskreise zur Würdigung und Verbescheidung anheim, daher solche Gesuche von den Finanzstellen an den Oberstaatsanwalt nicht hinüberzugeben sind. Finanzminist.-Entschl. vom 6. August 1865, Nr. 9648, Gesuch der Guck'schen Kinder von Brenblorenzen um Kostennachlaß betr.

c) Die in Ziffer IV des Generale vom 23. Juli 1856 den Oberstaatsanwälten ertheilte Befugniß der Gestattung eines einmonatlichen Strafaufschubes ist von dem Tage an zu berechnen, an dem der Strafvollzug ohne Einreichung eines Aufschubsgesuches beginnen würde.

In allen diesen Fällen kömmt es dem kreis- und stadtgerichtl. Staatsanwalte nicht zu, einen Antrag auf Strafvollzug zu stellen, bevor der Oberstaatsanwalt das Aufschubsgesuch beschieden hat. JME. vom 21. August 1856.

5) Prozessuales.

a) Mitwirkung des Oberstaatsanwaltes, wenn ein Sträfling (außer dem Wege der Begnadigung) in eine von der Strafanstalt getrennte Heilanstalt zu verbringen ist. JME. vom 1. März 1865. (JMBl. 1865 S. 29.)

b) Zuständigkeit der Staatsanwälte in den nach Bundesbeschluß vom 26. Januar 1854 gestellten Anträgen auf Auslieferung von Verbrechern und Verfahren hiebei. Minist.-Entschl. vom 11. Februar 1864. (JMBl. 1864 S. 29.)

c) Ueber die Zuerkennung von Aufbringgebühren hat der Staatsanwalt Antrag an das Bezirksgericht in geheimer Sitzung zu stellen. JME. v. 23. Dezbr. 1864. (Justiz-Minist.-Bl. 1864 S. 282.)

d) Obergutachten von Seiten des Obermedizinalausschusses sind durch den Oberstaatsanwalt mittels Bericht an das kgl. Staatsministerium der Justiz zu veranlassen. JME. vom 9. November 1859 in der Untersuchung gegen Johann Hofmann von Waßerlos wegen Körperverletzung, Nr. 1309.

6) Justizverwaltung.

a) Behandlung von Gesuchen um Großjährigkeitserklärung, Adoption, Legitimation und Befreiung von der gerichtlichen Subhastation und Inventur durch den Staatsanwalt und Oberstaatsanwalt. Dienstesvorschriften für die Staatsanwälte vom 20. Juni 1862, S. 50.

b) Ueber das Verfahren bei den mit Adoptions= oder Legitimationsgesuchen verbundenen Gesuchen um Namensänderung. JME. vom 18. Januar 1865. (JMBl. 1865 S. 2.)

c) Gesuche um Aenderung der Vornamen. JME. v. 24. März 1866. (JMBl. 1866 S. 61.)

d) Mitwirkung des Staatsanwaltes und Oberstaatsanwaltes bezüglich des Ueberganges von Richterbeamten in den staatsanwaltschaftlichen Dienst. JME. vom 4. September 1864. (JMBl. 1864 S. 229.)

e) Mitwirkung der Staatsanwälte im Depositenwesen. Depositen-Ordnung vom 28. Mai 1862, S. 70. (R.=Bl. 1862 S. 1116.)

f) Theilnahme des Oberstaatsanwaltes an der Visitation der Strafanstalten. JME. v. 23. Mai 1864. (Autogr.)

g) Mitwirkung des Oberstaatsanwaltes bezüglich der Konstituirung und Ergänzung der Notariatskammer. VO. vom 2. Sept. 1862 S. 13, 17. (Reg.=Bl. 1862 S. 2196, 2198.)

h) Mitwirkung der Staatsanwälte bei Amtsextraditionen. VO. vom 1. November 1862 in specie S. 12, 13. (Reg. = Bl. 1862 S. 2390.)

i) Mitwirkung des Staatsanwaltes bei Aufstellung von Funktionären an Stadt = und Landgerichten. JME. vom 11. Januar 1863. (JMBl. 1863 Erg.=Heft S. 20.)

k) Mitwirkung des Oberstaatsanwaltes bezüglich der Taggelder und Reisekosten der Funktionäre an Stadt= und Landgerichten. JME. vom 6. Januar 1864. (JMBl. 1864 S. 11.)

l) Die Beiziehung der Staatsanwälte zu den bezirksgerichtlichen Sitzungen in Gegenständen der freiwilligen Gerichtsbarkeit, welche in S. 37 der Dienstesvorschriften für die Staatsanwälte vom 20. Juni 1862 angeordnet ist, hat zwar nicht in Extrajudizialbeschwerden von Parteien, wohl aber da überall einzutreten, wo die den Staatsanwälten gemäß Art. 63 Abs. 2 des Ger.=Verfassungsgesetzes von 1861 und Art. 124 des Notar.= Ges. eingeräumte Mitwirkung in der Dienstesaufsicht in Frage kommt.

JME., erlaffen an das unterfränkische Appellationsgericht v. 14. April 1865. Vgl. JME. v. 10. Januar 1866 (autogr.) und vom 9. März 1864.

m) Der Staatsanwalt hat bei Amtsvisitationen zu beachten, ob die Beitreibung der Geldstrafen durch die Rentämter nach §. 59 der Geschäftsordnung in Uebertretungssachen gehörig erfolgt. JME. vom 29. Juli 1864. Finanzminist.-Entschl. vom 18. Juli 1864.

Art. 21.

Korrespondenzform der Staatsanwälte mit Magistraten und Gemeindebehörden. JME. v. 23. Februar 1865. (JMBl. S. 27.)

Art. 24.

Zur Ablehnung der Einleitung einer Untersuchung Seitens des Untersuchungsrichters bedarf es keines motivirten Urtheils und hat gegen die Ablehnung der Anzeiger keine Beschwerde. OAG. v. 17. Oktober 1863. (Stenglein, Ger.-Zeitg. III S. 10.)

Art. 25.

Bei Verzögerung der Voruntersuchung oder ordnungswidrigen Behandlung derselben steht das Einschreiten dem k. Appellationsgerichte zu. Erk. b. Appell.-Ger. von Oberbayern v. 20. Mai 1864. Daf. S. 390.)

Art. 30.

1) Die JME. v. 20. Nov. 1863 (JMBl. 1863 S. 205) wurde in Erinnerung gebracht mit dem Bemerken, daß unmittelbare Requisitionen nur in Fällen von besonderer Wichtigkeit und Dringlichkeit zu stellen seien. JME. v. 13. Juli 1865. (JMBl. 1865 S. 99.)

2) Zwischen Bayern und Churhessen findet Gegenseitigkeit in Vollstreckung polizeilicher Strafurtheile gegen Unterthanen der beiden betreffenden Staaten nicht Statt. Entschl. b. Staatsminist. d. Innern vom 19. April 1859, JME. v. 7. Dezbr. 1864, den Vollzug eines Strafurtheiles des Landgerichtes Weihers gegen einen churhessischen Unterthanen betr.

3) Unmittelbarer Verkehr der in Bayern beglaubigten auswärtigen Gesandtschaften über Geschäftsgegenstände mit k. Stellen und Behörden und umgekehrt findet nicht Statt, weßhalb die Gerichte und Staatsanwälte in solchen Fällen die Vermittelung des k. Staatsministeriums der Justiz anzugehen haben. Entschl. des StM. d. J. vom

29. Januar 1829. (Döllinger XVIII S. 153.) JME. vom 17. Ja=
nuar 1866. (JMBl. S. 17.)

Art. 46.

Ziff. 2.

Hier ist nur die Beeidigung derjenigen Personen verboten, bei de=
nen sich zur Zeit ihrer Vernehmung Bedenken gegen ihre volle Ver=
nünftigkeit ergeben. (Zeitschr. XIII S. 246 Anm.)

Ziff. 4.

a) Die bei einer Schlägerei Betheiligten können bei der Ver=
handlung über eine bei dieser Schlägerei vorgefallene Körperverletzung
beeidigt werden, wenn sie bei dieser nicht betheiligt waren. (Schw. G.)
(Stenglein, Ger.=Zeit. IV S. 301.)

b) Die physische Theilnahme an einer That ohne Anhaltspunkte
für bolose Theilnahme genügt nicht, einen Zeugen als verdächtig un=
beeidigt zu vernehmen. (Schw. G.) (Das. IV S. 334.)

c) Die Unterlassung der Verhandgelübbung eines Zeugen in einer
Ehrenkränkungssache ist dadurch nicht gerechtfertigt, daß Grund zur
Annahme besteht, die Ehrenkränkung sei gegen den Zeugen gerichtet
gewesen. OAGE. vom 21. April 1865. (Das. S. 243.)

d) Wegen schlechten Leumunds und wegen des Umstandes, daß
sich ein Zeuge wegen einer Anschuldigung gleicher Art, wie der Be=
schuldigte, in Untersuchung befindet, darf dessen Beeidigung nicht
unterlassen werden. OAGE. vom 4. Januar 1866. (Das. V
S. 139.)

Ziff. 5.

Ein Zeuge, welcher in Folge seiner in I. Instanz gemachten
Aussage wegen Meineides in Untersuchung gezogen wurde, ist auch in
derselben Sache — zur Verhandlung als Zeuge in II. Instanz probu=
zirt   nur unbeeidigt zu vernehmen. OAGE. v. 30. Juli 1864.
(Zeitschr. XI S. 269.)

Art. 49.

Ziff. 4.

Abweisung einer Berufung „hierorts" ohne Ausspruch über die
Kompetenz findet nicht Statt. OAGE. vom 21. November 1862.
(Ger.=Zeitg. II S. 43.)

Art. 52.

Eine Schlägerei und ein im Verlaufe derselben begangenes Verbrechen der Körperverletzung sind nicht ein und dieselbe That, und es liegt kein Grund vor, die Theilnehmer der Schlägerei mit dem Urheber des Verbrechens der Körperverletzung, sofern sie nicht auch bei diesem betheiligt sind, zur Aburtheilung vor das Schwurgericht zu verweisen. OAGE. v. 7. Oktbr. 1864. (Zeitschr. XI S. 385.) OAGE. v. 15. Mai 1863; (Zeitschr. X S. 465. Stenglein, Ger.-Zeitg. II S. 265.) Vgl. noch Ger.-Zeitg. IV S. 1, S. 177.

Art. 55.

Die Mittheilung über Einstellung des Verfahrens gegen eine bestimmte Person wegen mangelnden Beweises geschieht an den Staatsanwaltsvertreter bei jenem Gerichte, wo die Heimath des Beschuldigten ist, außerdem aber auch dahin, wo der letzte bekannte Aufenthalt des Beschuldigten war. JME. vom 2. Juli 1865. (JMBl. 1865. S. 97.)

Art. 56.

1) Ob gegen Jemanden, der wegen Unbekanntheit eines bei ihm zutreffenden Grundes der Waffenunwürdigkeit gleichwohl in das Militär eingereiht wurde, und während dieses Militärstandes einen strafrechtlichen Reat begeht, deßfalls die Untersuchung und Aburtheilung von dem Militär- oder bürgerlichen Gerichte zu erfolgen habe? Bl. f. RA. XVI. Ergänz.-Bl. S. 33. (Erört.)

2) Die Verurtheilung eines Soldaten, welcher bei Vollendung seiner Dienstzeit in strafrechtlicher Untersuchung war, und deßhalb seinen Militärabschied nicht erhalten hat, muß sich gegebenenfalls auch auf die Entfernung aus dem Heere, und auf die hiemit in Verbindung stehenden Verpflichtungen erstrecken. OAGE. v. 29. März 1864. (Zeitschr. XI S. 80.)

3) Auch über die von beurlaubten Soldaten verübten Forstfrevel haben, soferne die Frevler im Zeitpunkte der veranlaßten Strafeinschreitung wieder bei ihren Militärabtheilungen eingerückt sind, die Militärgerichte zu entscheiden. OAGE. vom 27. Januar 1863. (Bl. f. Rechtsanw. XXIX S. 292.)

4) Soldaten sind wegen der in Urlaub verübten Uebertretungen nach ihrem Einrücken bei ihrer Militärabtheilung von dem Militärgerichte abzuurtheilen. OAGE. v. 13. Nov. 1862. (Bl. f. Rechtsanw. XXIX S. 289.)

5) Gerichtsstand eines beurlaubten Soldaten wegen einer von ihm begangenen Handlung, welche nach Umständen als Vergehen oder als Uebertretung aufgefaßt werden kann. OAGE. v. 24. Februar 1863. (Bl. f. Rechtsanw. XXX S. 25.)

6) Gerichtsstand eines dienstespräsenten Soldaten bezüglich einer Anschuldigung wegen Uebertretung, nachdem in einer vorausgehenden gemischt-gerichtlichen Untersuchung dessen Aburtheilung den bürgerlichen Gerichten überlassen worden war. OAGE. v. 14. April 1863. (Das. XXX S. 26.)

7) Bei gemeinschaftlicher Betheiligung von Militär- und Civilpersonen in einer und derselben, wenn auch nur bezüglich der Militärperson als Vergehen zu qualifizirenden, That wird eine gemischt-gerichtliche Untersuchung nothwendig, welche sich von selbst auch auf die weiteren, dem Soldaten allein zur Last gelegten Vergehen und Uebertretungen zu erstrecken hat. OAGE. v. 15. August 1865. (JMBl. 1865 S. 130.)

8) Kompetenz wegen der von beurlaubten Soldaten verübten Ehrenkränkungen: OAGE. v. 27. Januar 1863. (Bl. f. RA. XXIX S. 293.)

9) Auch temporär pensionirte Soldaten haben ihren Gerichtsstand in Strafsachen vor den bürgerlichen Gerichten. OAGE. v. 24. Februar 1863. (Bl. f. RA. XXX S. 23.)

10) Die Erklärung des Militärgerichtes, ob in einer gemischt-gerichtlichen Untersuchung die weitere Behandlung der Sache bezüglich der betheiligten Militärperson den bürgerlichen Strafgerichten überlassen werden solle, kann nicht dadurch umgangen werden, daß das Strafverfahren gegen die Civilpersonen eingestellt und die Einschreitung gegen den Soldaten dem Militärgerichte überlassen wird. OAGE. v. 5. Dezember 1863. (Bl. f. RA. Bd. XXX S. 23.)

11) Zur Aburtheilung wegen ungehorsamen Ausbleibens eines als Zeugen zu einem bürgerlichen Strafgerichte vorgeladenen Soldaten ist nach dessen Einrücken bei seiner Militärabtheilung das Militärgericht zuständig. OAGE. v. 12. Febr. 1864. (Bl. f. Rechts.-Anw. Bd. XXX S. 356.)

Art. 59.

Ist ein Notar wegen Verbrechens oder wegen eines Vergehens, welches im Falle der Verurtheilung nach den Bestimmungen des Strafgesetzbuches die Dienstentlassung zur nothwendigen Folge hat, rechtskräftig vor das Schwurgericht, beziehungsweise in die öffentliche Sitzung des Bezirksgerichtes, verwiesen, so ist er bis zur Erlassung eines rechtskräftigen Urtheiles provisorisch vom Dienste zu suspendiren. Art. 140 Abs. 2 b. Notar.=Ges. von 1861.

Art. 60.

Gegen Erkenntnisse, welche die Verweisung zur Aburtheilung we= gen Vergehens verfügen, ist auch deshalb keine Berufung zulässig, weil das Schwurgericht zuständig sei. OAGE. vom 7. April 1865. (Stenglein, Ger.=Zeitg. IV S. 229.)

Art. 61.

1) Der Lauf der dem Staatsanwalte zur Einwendung eines Rechtsmittels gegen ein freisprechendes Erkenntniß eingeräumten 24stün= digen Frist beginnt erst mit dem Schlusse des Tages der Verkündig= ung. OAGE. v. 23. Januar 1864. (Zeitschr. XI S. 15.)

2) Die Berufung des Staatsanwaltes kann schriftlich angemel= det werden. OAGE. vom 10. November 1865. (Ger. = Zeitg. V S. 82.)

3) Die Anmeldung einer Nichtigkeitsbeschwerde ist verspätet, wenn die schriftliche Anmeldung erst am 4. Tage nach der Zustellung des Urtheiles in den Gerichtseinlauf kommt, wenn sie gleich schon am 3. Tage auf der Post des Gerichtssitzes angekommen war. OAGE. vom 9. Februar 1866. (Das. S. 179.)

Art. 66.

Zu Abs. 1 Ziff. 1.

Ein Erkenntniß auf Anklage wegen Meineides kann nicht unter der Behauptung, daß die falsche Aussage rechtzeitig zurückgenommen worden sei, wegen unrichtiger Beurtheilung der Eigenschaft der That mit der Nichtigkeitsbeschwerde angefochten werden. OAGE. vom 30. März 1865. (Zeitschr. XII S. 120.)

Ziff. 5.

Ein appellationsgerichtliches Erkenntniß, wodurch auf Berufung des Staatsanwaltes gegen einen Verweisungsbeschluß wegen Vergehens auf die Hauptsache eingegangen und eine andere Anklage erhoben wird, überschreitet die Grenzen der gesetzlichen Zuständigkeit und eignet sich auf Beschwerde des Angeschuldigten zur Vernichtung. OAGE. vom 7. April 1865. (Zeitschr. XII S. 138.)

Bei Nichtigkeitsbeschwerden gegen Verweisungserkenntnisse müssen

die Beschwerdegründe innerhalb der Anmeldungsfrist bezeichnet sein. OAGE. vom 9. Februar 1866. (Ger.=Zeit. V S. 179.)

Art. 67.

Ueber die gegen das Erkenntniß auf Verweisung vor das Schwur= gericht freistehende Nichtigkeitsbeschwerde kann der Angeklagte nur im Präsidialverhöre eine wirksame Erklärung abgeben. OAGE. v. 7. No= vember 1864. (Taf. IV S. 59.)

Art. 71.

1) Von den gegen Konscriptionspflichtige anhängigen Untersuch= ungen und deren Ausgang muß den Konscriptionsbehörden Anzeige gemacht werden. JME. v. 24. Januar 1865. (JMBl. 1865 S. 9.)

2) Von dem Ergebnisse der Untersuchung wegen Widersetzung gegen die Gendarmerie hat der Staatsanwalt dem betreffenden Gen= darmeriekompagnie=Kommando Kenntniß zu geben und hiebei alle den Dienst der Gendarmerie betreffenden Thatsachen mitzutheilen, welche eine Einschreitung oder Abhilfe veranlassen könnten. JME. vom 25. März 1865. (Autogr.)

3) Wenn gegen einen Gerichtsdienersboten oder Gefangenwärter= gehilfen eine Untersuchung wegen Verbrechens oder Vergehens einge= leitet wird, hat der Staatsanwalt an das k. Staatsministerium der Justiz hievon Anzeige zu erstatten. JME. vom 23. Dezbr. 1865. (Autogr.)

Art. 87.

Vom Jahre 1866 an ist bei der nach Art. 87 b. StPO. v. 10. No= vember 1848 und Art. 96 b Einf.=Ges. vom 10. November 1861 vor= zunehmenden Wahl in den der Kreis=Regierung unmittelbar unterge= ordneten Städten für je 700 Seelen, in den übrigen Bezirken für je 1400 Seelen der Civilbevölkerung ein Geschworener zu wählen. Die Bestimmung des Artikel 80 Absatz 4 des StPO. vom 10. Novem= ber 1848 und Art. 90 Abs. b. Einf.=Ges. vom 10. Novbr. 1861 fin= det auch bei dieser Vorschrift Anwendung. Landtagsabschied v. 10. Juli 1865 Abschn. III §. 37. (Ges.=Bl. 1865 S. 130.)

Art. 90.

Die Hauptlisten der bei den Schwurgerichtssitzungen zu verwen= denden Geschworenen sind von den Landräthen bei dem Zusammentritte im Jahre 1866 in der Art zu erhöhen, daß sich auf jeder Hauptliste,

ohne Einrechnung der nach Ziffer 1 vorübergehend vom Geschworenendienste befreiten Personen (siehe zu Art. 99 b. StPG.) für je 700 Seelen der Civilbevölkerung des betreffenden Regierungsbezirkes ein Geschworener befindet.

Im Falle eines später eintretenden Steigens oder Sinkens der
Bevölkerung ist die Hauptliste bei dem auf die Volkszählung folgenden
Zusammentritte des Landrathes in der zur Herstellung des angegebenen
Verhältnisses erforderlichen Weise weiter zu erhöhen oder zu mindern. —
Die Bestimmung des Art. 80 Abs. 4 b. StPG. vom 10. November
1848 und Art. 90 Abs. 4 b. Einführungsgesetzes vom 10. Nov. 1861
findet auch hier Anwendung. Landtagsabschied vom 10. Juli 1865.
Abschnitt III §. 37. (Gesetzbl. 1865 S. 131.)

Art. 91.

1) Die im Art. 91 bestimmte vierzehntägige Frist ist als die
äußerste und unüberschreitbarste zu betrachten, daher die Regierungspräsidien, wo thunlich, eine frühere Mittheilung erfolgen lassen sollen,
wie bei der Vervollständigung der Hauptlisten besondere Bedachtnahme
und Sorge zu tragen ist, daß die vorgeschriebenen Einträge und Vormerkungen vollständig und in bestimmter unzweideutiger Fassung voll-
zogen werden. Entschließung des Staatsministeriums des Innern
vom 18. Oktober 1865. (Autogr.)

2) Da die Regierungspräsidien Sorge tragen werden, daß sich
in den gemäß Art. 91 b. StPG. und Art. 100 b. Einf.-Ges. mitzutheilen-
den Hauptlisten die Vormerkungen hinsichtlich jener Geschworenen befin-
den, welche, wie bisher nach Art. 99 resp. Art. 108 der angeführten
Gesetze, so künftig nach §. 37 Ziff. 1 b. Landtagsabschiedes vom 10. Juli
1865 auszutreten haben, so dürfen andererseits von den Appellations-
gerichtspräsidien in Zukunft bei den gemäß Art. 91, 92 b. StPG. resp.
Art. 100, 101 b. Einf.-Ges. vorzunehmenden Handlungen die Namen
der mit solchen Vormerkungen versehenen Geschworenen nicht in die
Urne gelegt werden. JME. vom 21. Februar 1866. (Autogr.)

Art. 93.

Die Schwurgerichtspräsidenten werden bezüglich der zum Geschworenendienste berufenen Notare aufmerksam gemacht, da, wo die
Aufstellung einer Stellvertretung für dieselben mit Schwierigkeiten ver-
bunden ist, durch Streichung des Notars von der Geschworenenliste
solche Mißstände zu beseitigen. JME. vom 3. Mai 1864. (Autogr.)

Art. 99.

1) Wer seinen Verrichtungen als Geschworener nachgekommen ist, soll weder in dem nämlichen noch in den beiden nächstfolgenden Jahren noch einmal zu gleichen Verrichtungen angehalten werden, soferne er nicht ausdrücklich auf diese Befreiung verzichtet, worüber er am Schlusse der Schwurgerichtssitzung besonders zu befragen ist.

Diese Bestimmung tritt mit dem Jahre 1866 in Kraft. Landtagsabschied v. 10. Juli 1865 Abschnitt III §. 37 Ziff. 1 Abs. 1 (Ges.-Bl. 1865 S. 130.)

2) Auf jene Geschworenen, welche im Jahre 1864 und 1865 ihren Verrichtungen als Geschworene nachgekommen sind, findet lediglich die Bestimmung des Art. 99 b. StPG. vom 10. November 1848 Anwendung. Entschl. des Staatsminist. des Innern vom 17. Februar 1866. (Autogr.)

Art. 100.

Entschädigung der Geschworenen: Verordn. vom 5. Januar 1862 (Reg.-Bl. 1862 S. 18.)

Art. 117.

Die Abhaltung des Präsidialverhöres mit dem Angeklagten am Tage der Zustellung der Anklageschrift ist keine Verletzung einer wesentlichen Förmlichkeit. OAG. vom 31. Juli 1863. (Stenglein, Ger.-Zeitung II S. 354.)

Art. 118.

Ueber die gegen ein Erkenntniß auf Verweisung vor das Schwurgericht freistehende Nichtigkeitsbeschwerde kann der Angeklagte nur im sogenannten Präsidialverhöre eine wirksame Erklärung abgeben. OAG. vom 7. Sptbr. 1864. (Das. IV S. 59.)

Art. 119.

Gleichwie ein Notar als ein im öffentlichen Dienste stehender Beamter ohne Bewilligung der vorgesetzten Dienstesstelle eine Vertheidigung zu übernehmen nicht befugt ist, kann auch einem als Amtsverweser eines Notars aufgestellten Rechtspraktikanten nicht gestattet werden, ohne Bewilligung der vorgesetzten Dienstesstelle sich mit Vertheidigungen zu befassen. JME. vom 2. Dezbr. 1864. (Autogr.)

Art. 121.

Die Beiordnung des Mandatars des Gegners des Angeklagten

im Civilprozesse, aus welchem die Anklage wegen Meineides hervorge=
gangen ist, als Offizialvertheidiger des Angeklagten, begründet keine
Nichtigkeit des Verfahrens. (Stenglein, Ger.=Zeitg. IV S. 127.)

Art. 123.

In öffentlicher Sitzung kann der Vertheidiger die Fortführung
der Vertheidigung nicht mehr ablehnen. Erkenntniß des unterfr. Ap=
pellationsger. vom 22. Juli 1865. (Zeitschr. XII S. 506.)

Art. 125.

Die Frage, ob vorgeschlagene Entlastungsbeweise von Einfluß auf
die Aburtheilung sind, ist eine thatsächliche, vom Schwurgerichtspräsi=
denten zu entscheidende. OAGE. vom 3. November 1865. (Ger.=Zeitg.
V S. 68.)

Art. 128.

1) In Uebertretungssachen wegen Versäumnisses des Schulunter=
richtes sind Distrikts= und Lokal = Schulinspektoren zur öffentlichen
Verhandlung nur dann vorzuladen, wenn dieß unumgänglich nothwen=
dig erscheint. JME. vom 13. Dezbr. 1864. (Autogr.)

2) Der Angeschuldigte kann, wenn er gegen die Vernehmung
nachträglich benannter Zeugen, ungeachtet ihm keine schriftliche Ergän=
zung der Zeugenliste zugestellt worden war, keine Einwendung erhoben
hat, aus der Unvollständigkeit der Zeugenliste keinen Nichtigkeitsgrund
ableiten. OAGE. vom 18. März 1865. (Zeitschr. XII S. 96.)

Art. 129.

1) Es ist keine Beeinträchtigung der Vertheidigung, wenn in
einer Ehrenkränkungssache die Zustellung der klägerischen Zeugenliste
so kurz vor der Sitzung der II. Instanz erfolgte, daß Gegenzeugen
nicht geladen werden konnten, und wenn ein deßhalb gestellter Ver=
tagungsantrag verworfen wurde. OAGE. vom 22. Oktober 1864.
(Ger.=Zeitg. IV S. 133.)

2) Wenn in einer Ehrenkränkungssache von der Ladung eines
Zeugen zur Verhandlung II. Instanz auf Antrag des Klägers dem
Beklagten keine Kenntniß gegeben und vom Kläger in die Sitzung
mitgebrachte Zeugen verhandgelübbet wurden, der Beklagte jedoch da=
gegen weder einen Einwand erhob, noch Vertagung beantragte, so
kann derselbe mit jenen Formwidrigkeiten keine Nichtigkeitsbeschwerde
begründen. OAGE. vom 2. September 1864. (Ger. = Zeitg. III
S. 369.)

3) Wenn in II. Instanz vom Angeschuldigten Zeugen so spät benannt wurden, daß sie nach der regelmäßigen Geschäftsordnung nicht mehr geladen werden konnten, so kann auf die Unterlassung der Ladung kein Vertagungsantrag und auf die Verwerfung desselben keine Nichtigkeitsbeschwerde gestützt werden. OAGE. vom 24. Februar 1865. (Zeitschr. XII S. 62.)

Art. 130.

Sachverständige sind auf Antrag des Beschuldigten nur unter denselben Bedingungen in die Sitzung zu laden wie andere Zeugen. (Stenglein, Ger.-Zeitg. III S. 241.)

Art. 134.

Ueber zeugschaftliche Vernehmung von Staatsbeamten: JME. vom 24. Septbr. 1861. (Zeitschrift VIII S. 203.)

Art. 136.

Es ist keine Verletzung einer wesentlichen Förmlichkeit, wenn die Geschworenenliste, welche dem Angeklagten zugestellt wurde, nicht zu den Akten kommt, die Identität aber sonst feststeht. OAGE. vom 18. März 1865. (Ger.-Zeitg. IV S. 200.)

Art. 143.

Auch in Uebertretungssachen ist für den Vertheidiger im Sitzungssaale ein entsprechender Platz herzurichten. JME. vom 8. November 1865. (JMB. 1865 S. 171.)

Art. 158.

Es bedarf keiner Warnung an die Geschworenen bezüglich der Glaubwürdigkeit eines Mitbeschuldigten, der als Zeuge über einen ihn nicht berührenden Anklagepunkt unbeeidigt vernommen wird. OAGE. vom 3. November 1865. (Ger.-Zeitg. V S. 68.)

Art. 161.

Der Verzicht auf eine Zeugenvernehmung seitens des Beschuldigten kann nach Eintritt des Zeugen in den Sitzungssaal und Anhörung eines Theiles der Verhandlung durch denselben nicht wieder zurückgenommen werden. OAGE. vom 15. Februar 1866. (Das. V S. 193.)

Art. 164.

Dem Vertheidiger steht gegen die Antwortsgestattung gegenüber einer Frage des Staatsanwaltes kein Protest zu. (B. G.) (Daf. V S. 78.)

Art. 165.

Ueber Veröffentlichung gerichtlich = medizinischer Gutachten in Untersuchungen: JME. vom 8. April 1859. (Unterfränk. Kreisamtsbl. S. 622.)

Art. 167.

In II. Instanz darf die Aussage eines Zeugen, dessen Angabe in I. Instanz weder durch seine persönliche Vernehmung, noch durch Ablesung des Vernehmungsprotokolles erhoben, und der auch zur II. Instanz nicht geladen wurde, nicht aus den Voruntersuchungsakten verlesen werden. OAGE. vom 17. Februar 1865. (Zeitschrift XII S. 48.)

Art. 168.

Strafen, welche der Einzelrichter gegen Angeschuldigte wegen ungebührlichen Benehmens verhängt hat, können durch Berufung nicht angefochten werden. OAGE. vom 3. März 1865. (Stenglein, Ger.= Zeitg. IV S. 187. Vgl. das. III S. 290.)

Art. 172.

Wenn die Geschworenen nach Inhalt des Sitzungsprotokolles und der Aufschreibung der Fragen selbst über deren Verhältniß zu einander und über die zu ihrer Bejahung erforderliche Majorität gehörig belehrt wurden, so kann kein Nichtigkeitsgrund daraus abgeleitet werden, daß in der den Fragen vorausgedruckten Erinnerung der Geschworenen nicht durch Anführung der Zahlen der betreffenden Fragen auf jede derselben hingewiesen ist. OAGE. vom 28. Oktober 1865. (Zeitschrift XII S. 496.)

Art. 173.

1) Die Zusammenfassung getrennter Betrugshandlungen zu einer einzigen That kann vom Schwurgerichtshofe nicht auf eine thatsächliche Voraussetzung gegründet werden, welche nicht durch den Wahrspruch der Geschworenen festgestellt worden ist. OAGE. vom 1. Juli 1864. (Zeitschr. XI S. 243.)

2) Zur Verurtheilung wegen Verbrechens der Körperverletzung ist die Bejahung der Frage, daß dem Beschädigten durch die Miß-handlung ein bleibender Nachtheil an bessen Körper und Gesundheit verursacht wurde, ohne Anführung der thatsächlichen Umstände, welche den bleibenden Nachtheil bilden sollen, nicht genügend. OAGE. vom 30. Juni 1865. (Zeitschr. XII S. 291.)

Art. 178.

Auf einen die Strafbarkeit der That, auf welche die Anklage gerichtet ist, ausschließenden thatsächlichen Irrthum kann eine Unter-frage an die Geschworenen nicht gestellt werden. OAGE. vom 15. Januar 1866. (Stenglein, Ger.-Zeitg. V S. 142.)

Art. 180.

Die mit einer Denunziation bei Gericht eingereichten, von einigen Personen zur Bestätigung wahrgenommener Thatsachen gemachten Pri-vataufschreibungen brauchen aus den Untersuchungsakten vor deren Uebergabe an die Geschworenen nicht entfernt zu werden. OAGE. vom 18. März 1865. (Zeitschr. XII S. 96.)

Art. 185.

Unzulässigkeit eines Rechtsmittels gegen eine nach Maßgabe die-ses Artikels verhängte Ordnungsstrafe. Erk. des Apellationsger. von Unterfr. und Aschaffenb. v. 12. April 1865. (Zeitschr. XII S. 178.)

Art. 199.

1) Bei dem Schwurgerichte haben die Staatsanwälte den Strafan-trag neben der mündlichen Ausführung auch stets schriftlich nach For-mular XX dem Schwurgerichtshofe und zwar noch vor der Urtheils-fällung zu übergeben. JME. vom 22. Mai 1865. (Autogr.)

2) Die Staatsanwälte haben bei den Anträgen auf Anwendung des Gesetzes stets auch den richterlichen Ausspruch darüber zu bean-tragen, wem die Verpflichtung zur Tragung der Strafvollzugskosten, so weit sie nicht durch den Arbeitsverdienst des Gefangenen gedeckt wer-den, zufalle. JME. vom 23. September 1865. (Autogr.)

Art. 202.

Wenn die Geschworenen eine wegen vorsätzlicher Körperverletzung an sie gestellte Frage unter Verneinung des Vorsatzes bejahen, so kann

2

der Beſchuldigte nicht wegen fahrläſſiger Verübung der That beſtraft, ſondern nur freigeſprochen werden. OAGE. vom 27. Januar 1866. (Ger.=Zeitg. V S. 161.)

Art. 204.

1) Die Beſtimmung des §. 7 der Inſtruktion für die rechneriſche Behandlung der Koſten in Strafſachen iſt auf Uebertretungsſachen als anwendbar erklärt. JME. vom 6. Dezbr. 1865. (JMBl. 1865 S. 194.)

2) Die ſolidariſche Haftung für Koſten erſtreckt ſich nicht auf Strafvollzugskoſten. OAGE. vom 7. Oktober 1864. (Zeitſchrift Bd. XI S. 391.)

3) Vollzug der Urtheile in Uebertretungsſachen im Koſtenpunkte. JME. vom 3. Mai 1865. (JMBl. 1865 S. 65.)

4) Bei einem Strafgerichte ſind nach Erledigung der Hauptſache Anträge auf Feſtſetzung und Beitreibung der Koſten nicht mehr zu=läſſig. OAGE. vom 11. März 1864. (Zeitſchr. XI S. 75.)

5) Ueber Beitreibung von Geldſtrafen in Uebertretungsſachen. Finanzminiſt.=Entſchl. vom 18. Juli 1864, mitgetheilt durch JME. vom 29. Juli 1864. (Autogr.)

6) Finanzmin.=Entſchl. vom 15. Juli 1864, die Auszahlung der Gebühren von Zeugen und Sachverſtändigen bei Vernehmungen außer=halb des Gerichtsſitzes. JMBl. 1864 S. 206.

7) Die Koſten einer in Folge eines Verſehens des Forſtſtrafge=richtes vertagten Verhandlung können auf keinen Fall dem Angeſchul=bigten überbürdet werden. OAGE. vom 28. Mai 1864. (Zeitſchr. XI S. 151.)

8) Entſchließung des k. Staatsminiſteriums des Innern vom 13. September 1864, ausgeſchrieben vom k. Staatsminiſterium der Juſtiz durch Entſchließung vom 17. September 1864, die Koſten für Ver=pflegung und Behandlung erkrankter Sträflinge betr. (JMBl. 1864 S. 237.)

9) JME. vom 14. September 1864, die Gebühren der nord=amerikaniſchen Konſulate für die Beglaubigung von Urkunden betr. (JMBl. 1864 S. 239.)

10) Eine Beſchwerde gegen den Abſtrich von in einer Ehren=kränkungsſache erwachſenen Deſerviten, welche erſt nach erledigter Haupt=ſache eingeklagt werden, kann nur auf dem Wege der Berufung im

Civilrechtswege geltend gemacht werden. (B. G.) (Ger.-Zeitg. IV S. 93.

11) Entschädigung für die wegen seiner Vertheidigung gemachten Gänge können einem freigesprochenen Angeklagten vom Strafgerichte nicht zugesprochen werden. OAGE. vom 25. November 1864. (Daselbst IV S. 88.)

12) Die Kosten des Strafverfahrens wegen Lokalmalzaufschlags= defraudation können bei Freisprechung des Angeschuldigten nicht der betreffenden Gemeinde überbürdet werden. OAGE. vom 19. Mai 1865. (Zeitschrift XII S. 227.)

Art. 205.

In Fällen, wo Konfiskationen ausgesprochen werden, ist den Fi= nanzbehörden der Tenor des Erkenntnisses in beglaubigter Abschrift mitzutheilen. JME. vom 27. März 1865. (JMBl. S. 43.)

Zu Abs. 2.

Ueber den Einfluß des rechtskräftigen strafgerichtlichen Erkennt= nisses auf die Entscheidung einer daraus hervorgehenden Civilprozeßsache: Vergl. Art. 9 Th. II d. StGB. von 1813. v. Dollmann, System des bayer. Strafproz. S. 42. Zeitschr. für Gesetzgeb. und Rechtspfl. II S. 240, IV S. 284. Oberstr. Plenarerkenntniß vom 19. Mai 1857. (Regierungsbl. 1857 S. 701. Bl. für Rechtsanw. XVIII S. 183, XX S. 113, 129, XXI S. 74. Erg.=Bl. S. 484, XXII S. 374, XXIX S. 11, 353, 369, XXXI S. 92.)

Art. 206.

1) Ein die Berufung des Beschuldigten verwerfendes Urtheil II. Instanz bestätigt den Ausspruch im Kostenpunkte, wenn auch ein neuer Schuldausspruch erlassen würde. OAGE. vom 30. Mai 1864. (Stenglein, Ger.=Zeitg. III S. 270.)

2) Es ist auch in einer Uebertretungssache Verletzung einer we= sentlichen Förmlichkeit, wenn die angewendeten Gesetzesstellen nicht ver= lesen wurden. OAGE. vom 30. September 1864. (Daselbst IV S. 24.)

3) Unterlassung der Verlesung der angewendeten Gesetzesstellen begründet Nichtigkeit. OAGE. vom 6. Mai 1864. (Zeitschrift XI S. 117.) JME. vom 14. Juni 1864. (JMBl. 1864 S. 167.)

4) Auch im Strafverfahren wegen Uebertretung ist es ein Nich= tigkeitsgrund, wenn weder in einem Strafurtheile noch in einem Sitz=

ungsprotokolle beiber Inſtanzen angeführt iſt, baß bie angewenbeten Geſetzesſtellen verleſen worben ſinb. OAGE. vom 24. September 1864. (Zeitſchr. XI S. 364.)

5) Wenn bie angewenbeten Geſetzesſtellen in I. Inſtanz nicht verleſen wurben, ſo müſſen ſie bei Vermeibung ber Nichtigkeit in II. Inſtanz verleſen werben. OAGE. vom 17. Februar 1865. (Zeitſchr. XII S. 48.)

Art. 207.

1) Wenn nach einer in Gegenwart bes Angeklagten wegen Ver= gehens gepflogenen Verhanblung zur Urtheilsverkünbung ein ſpäterer Termin angeſetzt unb bies bem Angeſchulbigten bekannt gemacht wor= ben iſt, erſcheint bas an bieſem Termine verkünbete Urtheil, ungeachtet bes Ausbleibens bes Angeklagten, als ein im orbentlichen Verfahren erlaſſenes, unb bie Friſt zur Einwenbung eines Rechtsmittels läuft vom Tage ber öffentlichen Verkünbung, ohne baß es einer abſchrift= lichen Zuſtellung bebarf. OAGE. vom 31. März 1864. (Zeitſchr. XI S. 91. Ebenſo Zeitſchr. VII S. 12 unb Sitzber. V S. 90 Ziff. III.)

2) Die Belehrung über bas Rechtsmittel bei Publikation eines Urtheiles iſt keine weſentliche Förmlichkeit. OAGE. vom 5. Februar 1866. (Stenglein, Ger.=Zeitg. V S. 176.)

Art. 209.

Es iſt keine Nichtigkeit, wenn Zeugenausſagen in ſchwurgericht= lichen Sitzungen nicht vollſtänbig protokollirt wurben. OAGE. vom 18. März 1865. (Daſ. IV S. 200.)

Art. 211.

1) Die Beſtimmungen in §. 50 — 53 ber Vorſchriften über bie Geſchäftsbehanblung in Uebertretungsſachen vom 26. Mai 1862 fin= ben in ben Fällen, in welchen von einem Schwurgerichte, von ben Bezirks= ober Appellationsgerichten auf Zuläſſigkeit einer polizeilichen Maßregel erkannt iſt, analoge Anwenbung. JME. vom 26. Juni 1862 Ziff. IX. (JMBl. 1863 Erg.=Heft S. 13.)

2) Von ben bei ben Schwurgerichten ober Bezirksgerichten er= folgten Aburtheilungen von Inlänbern .hat ber Staatsanwalt am Schwurgerichtshofe bezw. Bezirksgerichte bem betreffenben Vertreter ber Staatsanwaltſchaft behufs Vervollſtänbigung ber Strafliſte Mittheilung zu machen. Dabei ſinb ähnliche Formulare zu benützen wie in Ueber=

tretungsſachen hiefür angeordnet ſind. Dienſtesvorſchriften für die Staatsanwälte vom 20. Juni 1862 §. 54.

3) Dieſe Mittheilung geſchieht an den Staatsanwaltsvertreter an jenem Gerichte, wo die Heimath des Beſchuldigten iſt, außerdem aber auch an den Staatsanwaltsvertreter bei jenem Gerichte, in deſſen Bezirk der letzte bekannte Aufenthaltsort des Beſchuldigten war. JME. vom 2. Juli 1865. (JMBl. 1865. S. 97.)

4) Die bei Verurtheilungen von Ausländern an ausländiſche Be= hörden hierüber zu machenden Mittheilungen ſind nach den besfalls beſtehenden Vorſchriften ebenfalls durch die Staatsanwälte zu bethä= tigen. Dienſtesvorſchriften für die Staatsanwälte vom 20. Juni 1862 §. 55.

5) Bei Verurtheilung von Beamten oder öffentlichen Bedienſteten hat der betreffende Staatsanwalt am Schwurgerichtshofe oder Bezirks= gerichte den Amtsvorſtänden bezw. vorgeſetzten Dienſtesbehörden derſel= ben ſowie den einſchlägigen Finanzſtellen ſogleich nach eingetretener Rechtskraft des Strafurtheiles Mittheilung zu machen. Daſ.

6) Von allen Unterſuchungen wegen Widerſetzung gegen die Gendarmerie hat der Staatsanwalt dem betreffenden Gendarmerie= kompagniekommando Mittheilung zu machen, und dabei alle den Dienſt der Gendarmerie betreffenden Thatſachen mitzutheilen, welche eine Ein= ſchreitung oder Abhülfe nothwendig machen könnten. JME. vom 25. März 1865. (Autogr.)

7) Mittheilung an die Konſkriptionsbehörde über den Ausgang von Unterſuchungen gegen Konſkriptionspflichtige. JME. vom 24. Ja= nuar 1865. (JMBl. 1865 S. 9.)

8) Mittheilung der gegen beurlaubte Soldaten erlaſſenen Straf= urtheile an die Militärbehörden. JME. vom 27. April 1864. (JMBl. S. 126.)

Art. 213.

Kann ein in einer Uebertretungsſache als Zeuge Geladener, ge= gen den ſich bei der Vernehmung die Verübung einer Uebertretung herausſtellt, ſofort beſtraft werden? (B. G.) (Ger.=Zeitg. III S. 388.)

Art. 218.

1) Einlieferungsrayons der Strafanſtalten. JME. vom 22. Ja= nuar 1864. (JMBl. 1864 S. 171.)

2) Den Strafanstalten muß sowohl Tag als Stunde, wann die Gefängnißstrafe ihren Anfang nahm, mitgetheilt, deßhalb in der Urtheilsfertigung Tag und Stunde der Verkündung beigesetzt, ebenso die Stunden in jene Urkunden aufgenommen werden, welche den Verzicht oder Zurücknahme eines Rechtsmittels betreffen. JME. vom 6. August 1865. (JMBl. 1865 S. 113.)

3) Nachtrag hiezu in der gemeinschaftlichen Entschließung der Staatsministerien der Justiz und des Innern vom 10. Oktober 1865, wonach die Strafanstaltsverwaltungen vorkommenden Falles wegen Berechnung der Strafzeit sich an den bezirksgerichtlichen Staatsanwalt zu wenden, damit desfalls ein Gerichtsbeschluß gefaßt werde, auch dem Oberstaatsanwalte Außerachtlassungen obigen Reskriptes vom 6. August 1865 anzuzeigen haben. (Autogr.)

4) Wegen Einlieferung syphilitischer Frauenspersonen in Strafanstalten eine besondere Anordnung zu erlassen, fand sich das kgl. Staatsministerium des Innern, da solche Einlieferungen noch vereinzelt blieben, nicht veranlaßt. JME. vom 6. Oktober 1863.

5) Die Strafzeit eines Verurtheilten, welcher nach erhaltenem Auftrage, sich zum Strafvollzuge in einer bestimmten Anstalt zu stellen, sich bei dem Gerichte seiner Aburtheilung zur Einlieferung in den Strafort meldet, beginnt erst mit dem Zeitpunkte des Eintreffens im Straforte. OAGE. vom 27. Mai 1864. (Zeitschrift XI S. 148.)

6) Gegen eine den Strafvollzug betreffende Verfügung der I. Instanz ist eine Nichtigkeitsbeschwerde an den obersten Gerichtshof nicht zulässig. OAGE. vom 22. Juli 1864. (Zeitschr. XI S. 262.)

7) Wie zu verfahren sei, wenn ein Sträfling in eine von der Strafanstalt getrennte Heilanstalt (außer dem Wege der Begnadigung) zu verbringen ist. JME. v. 1. März 1865. (JMBl. 1865 S. 28.)

8) Ueber die Anwendung der Waffengewalt in den Straf- und Polizeianstalten. Entschl. des Staatsm. des Innern vom 26. März 1856, mitgetheilt durch JME. vom 29. d. Mts. (Autogr.)

9) Ueber die Verpflegung der Festungssträflinge. Gemeinschaftl. Entschließung des Staatsministeriums der Finanzen und des Innern vom 18. April 1818 und Kriegsminist.-Reskript vom 18. März 1819 und 11. April 1826.

10) JME. vom 24. Dezbr. 1864. (JMBl. 1864 S. 281.) Einschärfung der Vorschrift der Ministerialentschließung vom 11. November 1862 Ziff. 2 Abs. 2 und der gehörigen Mittheilung der Strafurtheile an die Strafanstalten.

11) Die Zuerkennung der Aufbringgebühren steht jetzt demjenigen Bezirksgerichte zu, welches mit dem Strafvollzuge, betraut ist, und hat dies auf Antrag des Staatsanwaltes durch Beschluß in geheimer Sitzung zu geschehen. JME. vom 23. Dezbr. 1864. (JMBl. 1864 S. 282.)

12) Brobration bei geschärfter Arreststrafe. Gemeinschaftliche Entschließung des Staatsministeriums der Justiz, des Innern und der Finanzen vom 4. Dezbr. 1865. (Autogr.) An dem Tage der Schärfung des Arrestes durch Entziehung der warmen Speise erhält ein männlicher Gefangener $1\frac{1}{2}$ Pfund, Weibspersonen und Personen unter 15 Jahren $1\frac{1}{4}$ Pfund Brod.

Art. 231.

Ziff. 1.

a) Ein Mitglied des Appellationsgerichtes, welches bei dem Beschlusse auf Verweisung der Sache in die öffentliche Sitzung des Bezirksgerichtes mitwirkte, kann in derselben Sache bei der definitiven Aburtheilung in der Berufungsinstanz Richter sein. OAGE. v. 18. Februar 1851. (Sitzungsber. III S. 69.)

b) Es ist kein Nichtigkeitsgrund, wenn ein Richter, der an der Erlassung des bezirksgerichtlichen Verweisungserkenntnisses Theil genommen hat, wodurch die Sache zur weiteren Beschlußfassung an das Appellationsgericht verwiesen wurde, Mitglied des Schwurgerichtshofes ist. OAGE. vom 18. März 1865. (Zeitschr. XII S. 96.)

Ziff. 6.

a) Es ist keine Verkürzung der Vertheibigung, wenn der Zeuge, welcher sich in I. Instanz des Meineides verdächtig gemacht hat, in II. Instanz nicht beeibigt wird. OAGE. v. 30. Juli 1864. (Ger.-Zeitg. III S. 320.)

b) Es ist Verletzung einer wesentlichen Förmlichkeit, wenn Zeugen in einer Uebertretungssache nicht verhandgelübbet, sondern nur an den in einer vorausgegangenen strafrechtlichen Untersuchung abgelegten Eid zurückerinnert werden, und dieser Mangel in II. Instanz nicht gehoben wird. OAGE. vom 7. Dezember 1865. (Daselbst V S. 122.)

Ziff. 7.

Tod eines Richters vor der Urtheilsverkündung. (Zeitschrift XII S. 77.)

Ziff. 12.

Wenn eine wegen Gewaltthätigkeit an einem öffentlichen Die=
ner unmittelbar in die öffentliche Sitzung geladene Perſou nach dem
Ergebniſſe der Verhandlung wegen Verſuches der Befreiung eines Ge=
fangenen verurtheilt wird, ſo iſt in dieſer Verſchiedenheit der Auffaſ=
ſung kein Nichtigkeitsgrund gelegen. OAGE. vom 18. Auguſt 1865.
(Zeitſchr. XII S. 391.)

Ziff. 13.

a) Es iſt Verletzung einer weſentlichen Förmlichkeit, wenn die in
I. Inſtanz zwar angewendeten aber nicht verleſenen Geſetzesſtellen auch
in II. Inſtanz nicht verleſen werden. OAGE. vom 17. Februar 1865.
(Stenglein, Ger.=Zeitg. IV S. 180.)

b) Wenn die angewendeten Geſetzesſtellen in I. Inſtanz nicht
verleſen wurden, ſo muß dies bei Vermeidung der Nichtigkeit in II.
Inſtanz geſchehen. OAGE. vom 17. Februar 1865. (Zeitſchr. XII
S. 48.)

c) Es iſt Verletzung einer weſentlichen Förmlichkeit, wenn in II.
Inſtanz die Ausſage eines Zeugen verleſen wurde, auf welche in I.
Inſtanz verzichtet worden war. OAGE. vom 17. Februar 1865.
(Ger.=Zeitg. IV S. 180.)

d) Auch im Strafverfahren wegen Uebertretung iſt es ein Nich=
tigkeitsgrund, wenn weder in einem Strafurtheile noch in einem Sitz=
ungsprotokolle beider Inſtanzen angeführt iſt, daß die angewendeten
Geſetzesſtellen verleſen worden ſind. OAGE. vom 24. Septbr. 1864.
(Zeitſchr. XI S. 364.)

e) Es iſt Verletzung einer weſentlichen Förmlichkeit, wenn in
einer Uebertretungsſache die angewendeten Geſetzesſtellen nicht verleſen
wurden. OAGE. vom 30. September 1864. (Ger. = Zeitg. IV
S. 24.)

f) Unterlaſſung der Verleſung der angewendeten Geſetzesſtellen
begründet auch bei Uebertretungsſachen Nichtigkeit. OAGE. v. 6. Mai
1864. (Zeitſchr. XI S. 117.) JME. vom 14. Juni 1864. (JMBl.
1864 S. 167.)

g) Im Strafverfahren wegen Ehrenkränkung kann die zur Mo=
tivirung der Freiſprechung geſchehene Allegirung einer unrichtigen Ge=
ſetzesſtelle dem Kläger keinen Grund zu einer Nichtigkeitsbeſchwerde
geben. OAGE. v. 15. Juli 1864. (Zeitſchrift XI S. 257.)

Ziff. 17.

a) Es ist unerheblich, wenn in der Ueberschrift der Urkunde über Zustellung des Verzeichnisses der Geschworenen zwar das richtige Datum, im Kontexte aber durch einen augenscheinlichen Schreibfehler ein früherer Zustellungstag angegeben ist. OAGE. vom 18. März 1865. (Zeitschr. XII S. 96.)

b) Auch die wirklich frühere Zustellung der Geschworenenliste begründet keine Nichtigkeit. OAGE. vom 10. Juli 1849. (Fertig I S. 57.)

Zusatz.

a) Es ist keine Verletzung einer wesentlichen Förmlichkeit, wenn eine in II. Instanz nicht verlesene Denkschrift des Staatsanwaltes I. Instanz dem Beschuldigten nicht mitgetheilt wurde. OAGE. vom 24. Septbr. 1864. (Stenglein, Ger.=Zeitg. IV S. 4.)

b) Die Nichtmittheilung von Zeugenladungen an den Beschuldigten, oder die Nichtladung vorgeschlagener Entlastungszeugen begründet keine Nichtigkeit des Verfahrens, wenn der Angeklagte diese Formverletzung bei der Verhandlung nicht geltend macht. OAGE. vom 20. Mai 1865. (Das. S. 261.)

c) Es ist keine Verletzung einer wesentlichen Förmlichkeit, wenn die Ladung von Zeugen dem Angeklagten nicht mitgetheilt wurde und dieser gegen ihre Vernehmung nicht protestirt hatte. OAGE. vom 18. März 1865. (Das. S. 200.)

d) Es ist keine Verletzung einer wesentlichen Förmlichkeit, wenn Zeugen und Geschworene während der Verhandlung zusammen sprechen. OAGE. vom 18. März 1865. (Das. S. 200.)

e) Eine Fragestellung an die Geschworenen, welche lediglich darauf gerichtet ist, ob eine Mißhandlung einen bleibenden Nachtheil für den Verletzten nach sich gezogen habe, ohne thatsächliche Substanzirung dieses Nachtheiles, hat Nichtigkeit des Verfahrens zur Folge. OAGE. vom 30. Juni 1865. (Das. S. 313.)

f) Es ist keine Verletzung einer wesentlichen Förmlichkeit, wenn bei gehöriger Belehrung der Geschworenen über die Fragestellung ein den gestellten Fragen vorstehendes diese Belehrung wiederholendes Formular unausgefüllt blieb. OAGE. vom 28. Oktober 1865. (Das. V S. 57.)

Art. 232.

Es begründet keine Nichtigkeit, wenn die von den Geschworenen anerkannte geminderte Zurechnung des Angeklagten nicht im Urtheils-satze, sondern nur in den Entscheidungsgründen berücksichtigt wird, vor-ausgesetzt, daß die rechtliche Qualifikation der strafbaren Handlung trotzdem richtig ist. OAGE. v. 29. April 1864. (Ger.-Zeitg. III S. 175.)

Art. 235.

1) Auch dem Strafverfahren in Uebertretungssachen ist eine ge-setzliche Vertretung des Angeklagten, insbesondere zur Anmeldung von Rechtsmitteln, fremd. OAGE. vom 5. Februar 1864. (Zeitschr. XI S. 28.)

2) War der Beschuldigte bei der Verhandlung, aber nicht bei der Publikation zugegen, so läuft ihm die Berufungsfrist dennoch von dem Zeitpunkte der Urtheils-Verkündigung. (Zeitschr. I S. 141, VII S. 12, XI S. 91. Sitzungs-Ber. V S. 90 Nr. 3. Stenglein, Ger.-Zeitg. III S. 266.)

3) In Disziplinarsachen gegen Notare läuft zur Anmeldung der Nichtigkeitsbeschwerde eine breitägige Frist von der Publikation des Urtheiles an, und kann die Beschwerde nicht vorsorglich ange-meldet werden. OAGE. vom 4. November 1864. (Daselbst IV S. 116.)

4) Auch in Forststraffachen ist der Vater eines minderjährigen Verurtheilten ohne dessen Spezialvollmacht nicht befugt, für denselben ein Rechtsmittel einzulegen. OAGE. vom 15. Septbr. 1865. (Zeitschr. XII S. 443.)

5) Ueber Anmeldung von Rechtsmitteln in Vergehenssachen, welche bei Stadt- oder Landgerichten geschehen. (Erörterung in der Zeitschr. Bd. XII S. 516.)

6) Die Anmeldung eines Rechtsmittels kann giltig auch durch Uebergabe einer schriftlichen Erklärung innerhalb der Frist geschehen. Erk. des App.-Ger. der Oberpfalz v. 29. Septbr. 1865. (Ger.-Zei-tung IV S. 204.)

7) Die schriftliche, nur mit dem Handzeichen einer schreibensun-kundigen Person unterfertigte Anmeldung eines Rechtsmittels ist nur dann zulässig, wenn eine amtliche Bestätigung beigefügt ist, daß das

Handzeichen von dem Anmeldenden herrührt. OAGE. v. 27. Januar 1865. (Zeitschr. XII S. 25.)

8) Im Strafverfahren wegen Vergehen ist zur Anmeldung eines Rechtsmittels durch den Bevollmächtigten des Angeklagten eine Privatvollmacht, auch wenn sie vom Gemeindevorstande beglaubigt ist, nicht genügend. OAGE. vom 11. Februar 1865. (Zeitschr. XII S. 46.)

9) Auch Minderjährigen stehen im Falle ihrer Verurtheilung die betreffenden Rechtsmittel nur persönlich zu. OAGE. vom 19. August 1865. (Zeitschr. XII S. 395.)

10) Berufsanmeldung gegen ein strafgerichtliches Urtheil, welche in der Gerichtskanzlei vor einem Tagschreiber erklärt und von diesem eine Vormerkung darüber aufgenommen wird, ist rechtswirksam. OAGE. vom 22. Dezember 1865. (Ger.-Zeitg. V S. 137.)

Art. 236.

1) Die dem Staatsanwalte eingeräumte Frist zur Ergreifung eines Rechtsmittels beginnt erst mit dem Schlusse des Tages der Urtheilsverkündung. OAG.-Plen.-Erk. vom 31. Mai 1864. (Zeitschr. XI S. 177.)

Gegentheilige Ansicht: Zeitschr. VI S. 330.

2) Die Berufungsanmeldung des Staatsanwaltes auf der Kanzlei des Gerichtshofes, welche rechtzeitig präsentirt ist, wird durch den Mangel der Unterschrift des Sekretärs auf der Anmeldungsurkunde nicht ungiltig. OAGE. vom 24. September 1864. (Ger.-Zeitg. IV S. 4.)

3) Auch im Strafverfahren wegen Uebertretungen ist eine Nichtigkeitsbeschwerde des Staatsanwaltes ohne Anführung der Beschwerdepunkte wirkungslos. OAGE. vom 20. Mai 1865. (Zeitschr. XII S. 239.)

4) Es bedarf bei Anmeldung der Berufung durch den Staatsanwalt keiner Bezeichnung von Beschwerdepunkten, wenn die Berufung das gesammte erstrichterliche Urtheil angreift. OAGE. vom 19. Januar 1866. (Ger.-Zeitg. V S. 157.)

Art. 238.

Der vom Staatsanwalte nach Erlassung des zweitrichterlichen Urtheiles gestellte Antrag auf Rücksendung der Akten begreift den Verzicht auf eine staatsanwaltschaftliche Nichtigkeitsbeschwerde in sich. OAGE. vom 30. März 1865. (Zeitschr. XII S. 123.)

Art. 261.

Die frühere Bestimmung des Art. 96 Thl. I des StGB. von 1813 über die den Strafgerichten zustehende Befugniß zur Stellung eines Offizialbegnadigungsantrages wollte in dem Regierungsentwurfe des neuen Strafgesetzbuches vom Jahre 1856/57 durch eine gleichartige Bestimmung im Artikel 93 aufrecht erhalten werden. Allein mit Rücksicht darauf, daß das Begnadigungsrecht verfassungsmäßig der Krone zusteht, wurde dieser Artikel in den Verhandlungen des Gesetzgebungsausschusses abgestrichen. Verhandl. b. GGA. b. K. b. Abg. 1856|57 Prot. B. I S. 57, 239. Bei diesem Abstriche hatte es sein Verbleiben in den Verh. b. GGA. b. K. der RR. 1856/57. Prot. Bb. S. 321.

Vgl. auch die aus Anlaß eines bei dem Schwurgerichte zu Straubing vorgekommenen speziellen Falles erlassene JME. vom 1. September 1865, Nr. 15001. (Autogr.)

Art. 274.

1) Haftung des Vertheidigers für die Kosten eines von ihm allein angemeldeten Einspruchs. Erk. des Appell.-Ger. für Unterfranken vom 23. Januar 1864. (Zeitschr. XI S. 211.)

2) Bei Verwerfung der sowohl vom Staatsanwalte als vom Angeschuldigten eingewendeten Berufung können nicht alle Kosten zweiter Instanz unausgeschieden dem kgl. Aerare überbürdet werden. OAGE. v. 7. Nov. 1863. (Zeitschr. X S. 980.)

3) Im Falle gegen ein erstrichterliches Urtheil sowohl vom Staatsanwalte als Beschuldigten Berufung ergriffen wird, und die beiderseitigen Berufungen verworfen werden, können nur die durch die staatsanwaltschaftliche Berufung veranlaßten Kosten der Staatskasse überbürdet werden. OAGE. v. 22. Oktober 1864. (Ger.-Zeitg. IV S. 42.)

Art. 275.

Ungehorsamsverfahren findet auch gegen Ausländer statt. OAGE. vom 30. April. 1859. (Zeitschr. VI S. 183.)

Art. 309.

Von der Vorbereitungs = und Reisefrist des Angeschuldigten. (Erörterung in der Zeitschr. XII S. 304.)

Art. 311.

Es ist keine Beeinträchtigung der Vertheidigung, wenn in einer Ehrenkränkungssache die Zustellung der klägerischen Zeugenliste so kurz vor der Sitzung II. Instanz erfolgte, daß Gegenzeugen nicht geladen werden konnten, und wenn ein deshalb gestellter Vertagungsantrag verworfen wurde. OAGE. vom 22. Okt. 1864. (Ger. = Zeitg. IV S. 133.)

Art. 316.

Der Staatsanwalt hat seinen Antrag auch darauf zu formuliren, wem die Verpflichtung zur Tragung der Strafvollzugskosten obliege, so weit sie nicht durch den Arbeitsverdienst des Gefangenen gedeckt werden. JME. vom 23. Sept. 1865. (Autogr.)

Art. 318.

Die Feststellungen des Urtheiles haben im Zweifel höhere Kraft als die Vormerkungen. OAGE. v. 19. Febr. 1864. (Ger.=Zeit. III S. 122.)

Art. 319.

1) Es ist unzulässig, das Strafverfahren wegen Uebertretung in Bezug auf Gemeindedienste nach gepflogener öffentlicher Verhandlung bis nach Entscheidung der Verwaltungsbehörde über die bestrittene Verpflichtung zu vertagen, und ein solcher Vertagungsbeschluß eignet sich auf Beschwerde zur Vernichtung. OAGE. v. 9. Juni 1865. (Zeitschr. XII S. 257.)

2) Gegen die Verfügung eines Einzelrichters, wodurch eine Verhandlung wegen Ehrenkränkung vertagt und zum neu anberaumten Termine die Ladung der beklagten Partei behufs der Gegenüberstellung mit einem Zeugen unter Androhung der Vorführung verordnet wird, findet keine Berufung statt. OAGE. vom 20. April 1865. (Zeitschr. XII S. 149.)

Art. 321.

1) Wenn eine Beschwerde gegen das bezirksgerichtliche Urtheil verworfen wird und die Sache eignet sich zum Schwurgerichte, so wird der Beschluß auf Verweisung in öffentlicher Sitzung verkündet und in geheimer Sitzung der Beschluß auf Anklage erlassen. (Bl. f. RA. XVII S. 372, 373.)

2) Gegen ein nach öffentlicher Verhandlung wegen Vergehens erlassenes bezirksgerichtliches Urtheil, wodurch die That wegen vorliegenden Thatbestandes eines Verbrechens zur weiteren Beschlußfassung an das Appellationsgericht verwiesen wurde, steht dem Staatsanwalte Berufung zu. OAGE. vom 15. Juli 1865. (Zeitschr. XII S. 335.)

Art. 323.

Der aburtheilende Richter I. und II. Instanz ist weder an die in der Anklage hervorgehobenen thatsächlichen Momente des zur Aburtheilung gezogenen Vorganges, noch an die demselben gegebene Qualifikation gebunden. OAGE. v. 19. Februar 1864. (Ger.-Zeitg. III S. 122.)

Art. 327.

1) Verspätete Berufungen sind auch dann zu verwerfen, wenn der Angeklagte über die Nothfrist unrichtig belehrt worden war. Oberapp.-Ger.-Erkenntniß vom 9. September 1865. (Daselbst IV S. 375.)

2) Die Belehrung über das Rechtsmittel bei Publikation eines Urtheiles ist keine wesentliche Förmlichkeit. OAGE. vom 5. Februar 1866. (Das. V S. 176.)

Art. 329.

Gegen ein Erkenntniß, wodurch eine Sache an ein anderes Gericht verwiesen wird, hat der Beschuldigte keine Berufung. OAGE. v. 8. April 1864. (Das. III S. 160.)

Art. 330.

1) Wenn in II. Instanz vom Angeschuldigten Zeugen so spät benannt wurden, daß sie nach der regelmäßigen Geschäftsordnung nicht mehr geladen werden konnten, so kann auf die Unterlassung der Ladung kein Vertagungsantrag und auf die Verwerfung eines solchen

keine Nichtigkeitsbeschwerde gegründet werden. OAGE. vom 24. Februar 1865. (Zeitschr. XII S. 62.)

2) In II. Instanz kann mit der den Gegenstand der Klage bildenden Ehrenkränkung eine vom Kläger erst nach Erlassung des erstrichterlichen Urtheiles begangene Gegeninjurie nicht kompensirt werden. OAGE. v. 9. März 1865. (Zeitschr. XII S. 88.)

Art. 333.

1) Es ist keine Verkürzung der Vertheidigung, wenn der Zeuge, welcher sich in I. Instanz des Meineides verdächtig gemacht hat, in II. Instanz unbeeidigt vernommen wurde. OAGE. v. 30. Juli 1864. (Ger.-Zeitg. III S. 320.)

2) Können Aussagen eines Zeugen, welche derselbe nach der Aburtheilung in I. Instanz in einer wider ihn wegen Meineides eingeleiteten Untersuchung machte, in II. Instanz verlesen werden? Erk. des App.-Ger. von Niederbayern vom 11. Juli 1864. (Daselbst S. 275.)

3) In II. Instanz darf die Aussage eines Zeugen, dessen Angaben in I. Instanz weder durch seine persönliche Vernehmung, noch durch Ablesung des Vernehmungsprotokolles erhoben, und der auch nicht zur II. Instanz geladen wurde, nicht aus den Untersuchungsakten vorgelesen werden. OAGE. vom 17. Februar 1865. (Zeitschr. XII S. 48.)

4) Verlesung der Zeugenvernehmungsprotokolle in II. Instanz bei Zweifel über Beeidigung der Zeugen in I. Instanz. (Erörterung daselbst S. 516.)

Art. 334.

Durch Unterwerfung unter ein Strafurtheil und Ergreifung der Berufung nur deshalb, weil die Kosten nicht dem Staatsärare überbürdet werden, wird Schuld- und Strafausspruch gegen den Angeklagten rechtskräftig. OAGE. vom 4. Januar 1866. (Ger.-Zeitg. V S. 138.)

Art. 335.

Wenn ein Angeklagter wegen Vergehens in I. Instanz verurtheilt ist, und ehe die von ihm ergriffene Berufung verbeschieden ist, Verdacht wegen Verbrechens gegen ihn entsteht, so kann das Appellationsgericht

nicht ſofort in geheimer Sitzung auf Verweiſung aller Anſchuldigun=
gen vor das Schwurgericht erkennen, ſondern es muß die Berufung
öffentlich verhandeln und bei genügendem Verdachte das erſtrichterliche
Urtheil wegen Zuſtändigkeit des Schwurgerichtes vernichten. OAGE.
vom 16. Dezember 1865. (Ger.=Zeit. V S. 113.)

Art. 336.

Auf die Inkompetenz des Untergerichtes braucht kein ſpezieller Be=
ſchwerdepunkt gerichtet zu ſein, ſie kann auch vermöge der allgemeinen
Devolution der Sache an das Obergericht attenbirt werden. Erk. b.
Appellat.=Ger. von Unterfranken v. 20. Januar 1864. (Zeitſchr. XI
S. 212.

Art. 337.

1) Wenn ein Antrags=Reat in Folge zuläſſiger Berufung an die
II. Inſtanz devolvirt iſt, ſo hat das Appellationsgericht alle in I. und
II. Inſtanz feſtgeſtellten Thatſachen ſeiner rechtlichen Würdigung zu
unterſtellen, und iſt bei der Qualifikation der That nicht an die In=
tention des Antragſtellers gebunden. OAGE. vom 28. Oktober 1864.
(Ger.=Zeitg. IV S. 42.)

2) Wenn der Staatsanwalt gegen ein bezirksgerichtliches Er=
kenntniß, worin auf öffentliche Verhandlung wegen Vergehens die
Sache wegen angezeigten Thatbeſtandes eines Verbrechens zur weiteren
Beſchlußfaſſung an das Appellationsgericht verwieſen wird, ſo hat das
Appellationsgericht hierüber in öffentlicher Sitzung zu verhandeln, und
wenn kein Verbrechen angenommen wird, in der Hauptſache zu ent=
ſcheiden. OAGE. vom 15. Juli 1865. (Zeitſchr. XII S. 335.)

Art. 338.

1) Wird eine Straffache ad IIdam devolvirt, ſo kann das Appel=
lationsgericht alle in I. und II. Inſtanz feſtgeſtellten Thatſachen wür=
bigen, und kann auch unter einer anderen Qualifikation, als es in der
Intention des Antragſtellers lag, verurtheilen. OAGE. vom 28. Ok=
tober 1864. (Ger.=Zeit. IV S. 42.)

2) Es iſt keine reformatio in pejus, wenn ein wegen Forſtfre=
vel Beſtrafter auf nur von ihm ergriffene Berufung in II. Inſtanz
zur Leiſtung eines in I. Inſtanz nicht zuerkannten Schadenserſatzes
verurtheilt wird, falls ſich dadurch die für Strafen, Werth und Scha=

benserſatz ergebende Summe gegenüber jener der I. Juſtanz nicht er=
höht. (B. G.) (Stenglein, Ger.=Zeitg. IV S. 349.)

3) Es iſt keine reformatio in pejus, wenn auf Berufung des
Beſchuldigten, gegen welchen mehrere Strafurtheile ergangen ſind, eine
die höchſte der einzelnen zuerkannten Strafen überſteigende Geſammt=
ſtrafe ausgeſprochen wurde. OAGE. v. 30. Mai 1864. (Daſ. III
S. 270.)

4) Reformatio in pejus liegt darin nicht, wenn die II. Inſtanz
auf Berufung des Beſchuldigten die That ſchwerer qualifizirt, ohne die
Strafe zu erhöhen. (Daſ. IV S. 158.)

5) In einer Ehrenkränkungsſache kann bei Verurtheilung des
Beklagten, wenn nur der Kläger die Berufung ergriffen hat, das Ur=
theil I. Inſtanz nicht zum Nachtheile des Appellanten abgeändert wer=
den. OAGE. vom 9. September 1864. (Daſ. S. 17.)

6) In einer Ehrenkränkungsſache kann bei Verurtheilung des Be=
klagten, wenn nur der Kläger die Berufung ergriffen hat, das Urtheil
I. Inſtanz auch zu Gunſten des Beklagten abgeändert werden. (B.G.)
(Daſ. S. 29.)

7) Nach Vernichtung eines oberrichterlichen Urtheiles kann der
zum zweiten Male aburtheilende Senat eine höhere Strafe verhängen,
als der erſte, wenn nur auf Berufung des Beſchuldigten allein das
erſtrichterliche Urtheil nicht in pejus reformirt wird. OAGE. vom 14.
Oktober 1865. (Daſ. V S. 51.)

8) Es iſt keine reformatio in pejus, wenn ein Forſtfrevler auf
nur von ihm ergriffene Berufung zu einer Geldſtrafe verurtheilt wird,
welche zwar das Maß der ihm in I. Inſtanz zuerkannten überſteigt,
ohne daß jedoch die für Strafe, Wertherſatz und Schadenserſatz
in I. Inſtanz ausgeſprochene Geſammtſumme überſchritten wird. (B. G.)
(Daſ. V S. 60.)

9) Die Verhängung einer Freiheitsſtrafe in II. Inſtanz anſtatt
einer Geldſtrafe lediglich auf Berufung des Angeklagten iſt reformatio
in pejus. OAGE. vom 19. Dezbr. 1865. (Daſ. V S. 126.)

Art. 348.

Zu Abſ. 2. Vgl. Verhandl. d. GGA. 1848. Gemeinſchaftliche
Sitzung vom 15. Oktober 1848, Prot. Bd. 1 S. 367, wonach dieſe
Beſtimmung demjenigen nicht zu ſtatten kommt, welcher ſich durch die
Flucht der Unterſuchung entzogen hatte.

In dieſem Sinne entſchied ein Erkenntniß des App.=Ger. von

Unterfranken und Aſchaffenburg vom 20. Juli 1865. (Zeitſchr. XII
S. 507.)

Bedenken hiegegen in Stenglein's Ger.-Zeitg. V S. 131.

Art. 349.

Die Berufung des Staatsanwaltes gegen das erſte Ungehorſams-
urtheil wird, ſobald in Folge des Einſpruches im ordentlichen Verfahren von Neuem erkannt worden, gegenſtandslos, und muß gegen das
neue Urtheil, auch wenn dieſes mit dem angefochtenen Ungehorſams-
urtheile materiell übereinſtimmt, neuerdings eingewendet werden. OAGE.
v. 11. Februar 1865. (Zeitſchr. XII S. 40.)

Art. 352.

Anträge des Beſchuldigten auf Vertagung einer Einſpruchsverhandlung und Erhebung neuer Beweismittel kann der Gerichtshof nur
dann zur materiellen Würdigung ziehen, wenn der Angeklagte in der
Einſpruchsverhandlung erſcheint. OAGE. vom 11. Dezember 1865.
(Ger.-Zeitg. V S. 110.)

Art. 353.

Haftung des Vertheidigers für die Koſten des von ihm in unzu-
läſſiger Weiſe angemeldeten Einſpruches. Erk. des Appell.-Ger. von
Unterfranken v. 23 Januar 1864. (Zeitſchr. XI S. 211.)

Art. 355.

Ohne abſchriftliche Zuſtellung eines Ungehorſamsurtheiles beginnt
zur Einwendung eines Rechtsmittels dagegen keine ausſchließende Friſt.

Doch iſt nach der Urtheilsverkündung in öffentlicher Sitzung auch
ohne abſchriftliche Zuſtellung die Anmeldung des betreffenden Rechtsmittels, mithin auch die Genehmigung der durch einen unbevollmäch-
tigten Vertreter geſchehenen Anmeldung zuläſſig. OAGE. vom 14. Oktober 1865. (Zeitſchr. XII S. 481.)

Art. 356.

1) Bei Malzaufſchlagsdefraudationsſachen iſt kein Vertreter des
Beſchuldigten zuläſſig. (V. G.) (Ger.-Zeitg. III S. 245.)

2) Eine Verhandlung wegen Vergehens, welche in Gegenwart
des Beſchuldigten begonnen und nach deſſen freiwilliger Entfernung

fortgeſetzt, ſo wie durch Fällung und Verkündigung des Urtheiles voll=
endet wird, iſt im ordentlichen Verfahren gepflogen und ein Einſpruch
dagegen unzuläſſig. OAGE. vom 27. Auguſt 1864. (Zeitſchr. XI
S. 306.)

Art. 361.

Gegen eine den Strafvollzug betreffende Verfügung der I. In=
ſtanz iſt eine Nichtigkeitsbeſchwerde an den oberſten Gerichtshof un=
ſtatthaft. OAGE. v. 22. Juli 1865. (Daſ. S. 262.)

Art. 365.

Gegen ein appellationsgerichtliches Urtheil, wodurch eine urſprüng=
lich als Vergehen verwieſene That als Uebertretung erklärt wird, findet
keine Wiederaufnahme des Verfahrens ſtatt. OAGE. vom 28. Juni
1864. (Daſ. S. 190.)

3 *

II.

Einführungsgesetz vom 10. November 1861.

Art. 24.

1) Die den Erziehungsberechtigten zustehende Nichtigkeitsbeschwerde gegen ein zweitinstanzielles Erkenntniß nach Art. 24 d. Einf.=Ges. kann nur wegen Formverletzung oder irriger Anwendung des Gesetzes ergriffen werden, nicht aber darüber, ob das Ermessen des Gerichtes ein richtiges war. OAGE. v. 24. September 1864. (Stenglein, Ger.=Zeitg. IV S. 3.)

2) Minderjährigen stehen gegen ihre Verurtheilung und die als Straffolge ausgesprochene Anordnung der Unterbringung in einer Erziehungsanstalt die Rechtsmittel nur persönlich zu. OAGE. vom 19. August 1865. (Das. V S. 44.)

Art. 31.

Zu Abs. 2 und 3.

Wenn eine Person gleichzeitig wegen Vergehens der Amtsehrenbeleidigung und einer Privatehrenkränkung beschuldigt ist, erscheint zur Aburtheilung über beide Reate das Bezirksgericht in I. Instanz competent. OAGE. vom 30. Septbr. 1865. (Zeitschr. XII S. 464.)

Zu Abs. 4.

Beim Zusammenflusse mehrerer durch geheime Verabredung bei Militäreinstandsverträgen begangenen Polizeiübertretungen sind die Strafen der einzelnen Reate ohne Rücksicht auf die Größe der sich ergebenden Summe zu verbinden, und richtet sich die Zuständigkeit des aburtheilenden Gerichtes nach dem Gesammtbetrage der in Aussicht stehenden Strafe. OAGE. vom 29. Septbr. 1865. (Zeitschr. Bd. XII S. 455.)

Art. 61.

Das Verfahren wegen einer im Vorwurfe einer strafbaren Handlung bestehenden Ehrenkränkung ist zum Zwecke des zu führenden

Wahrheitsbeweiſes nicht auszuſetzen, und wenn dies doch ohne Einwendung eines Rechtsmittels von Seiten einer Parthei geſchieht, ſo
läuft mittlerweile die Verjährung fort. OAGE. vom 27. Aug. 1864.
(Zeitſchr. XI S. 307.)

2) In Ehrenkränkungsklagen muß der Vertreter des Klägers innerhalb der dreimonatlichen Klagefriſt die Genehmigung des Klägers
zur Klage beibringen. (B. G.) (Ger.-Zeitg. IV S. 12.)

3) Ein mit dem Beklagten erſchienener Vertreter in einer Ehren-
kränkungsklagſache iſt genügend bevollmächtigt, auch wenn Beklagter
ſich während der Verhandlung wieder entfernt hat. (B. G.) (Daſ.
S. 13.)

4) In Ehrenkränkungsſachen können auch Minderjährige Antrag
auf Strafverfolgung ſtellen. OAGE. vom 7. Oktober 1864. (Daſ.
S. 7.)

5) In einer Ehrenkränkungsſache kann bei Verurtheilung des
Beklagten, wenn nur der Kläger die Berufung ergriffen hat, das Urtheil I. Inſtanz zum Nachtheile des Appellanten nicht abgeändert werden. OAGE. vom 9. Septbr. 1864. (Daſ. S. 17.) Dagegen: ſ.
BGErk. ebendaſelbſt S. 29.

6) Auf die von einem Gerichtsſchreiber aufgenommene Vormerkung, welche lediglich die Bezeichnung des Klägers, des Beklagten, des
Betreffes als Ehrenkränkung, und der Thatzeugen enthält, muß vom
betreffenden Gerichte öffentliche Verhandlung anberaumt und nach
deren Ergebniß Entſcheidung erlaſſen werden. OAGE. vom 12. Febr.
1864. (Zeitſchr. XI S. 35.)

7) Für die Entſcheidung einer Ehrenkränkungsſache iſt in beiden
Inſtanzen lediglich der aus der öffentlichen Verhandlung ſich ergebende
Sachverhalt, auch wenn er mit dem Vortrage der Klage nicht überein-
ſtimmt, maßgebend. OAGE. vom 11. Februar 1864. (Zeitſchr. XI
S. 39.)

8) Ausbleiben beider Partheien. (B. G.) (Zeitſchrift XI
S. 68.)

9) Ob im Verfahren wegen Ehrenkränkungsſachen der Kläger zu
verhandgelübben ſei? pro u. contra. (Erörter. i. d. Bl. f. RA. XXVIII
S. 385; XXIX S. 273.)

10) Wenn der mit Subſtitutionsbefugniß verſehene Vertreter
des Klägers in einer Ehrenkränkungsſache ein Rechtsmittel durch
einen Subſtituten angemeldet hat, ſo muß die Subſtituirung oder
Genehmigung innerhalb der Anmeldungsfriſt nachgewieſen werden.
OAGE. vom 20. Februar 1865. (Ger.-Zeitg. IV S. 258.)

11) Es ist keine Beeinträchtigung der Vertheidigung, wenn in einer Ehrenkränkungssache die Zustellung der klägerischen Zeugenliste so kurz vor der Sitzung II. Instanz erfolgte, daß Gegenzeugen nicht geladen werden konnten, und wenn ein deßhalb gestellter Vertagungsantrag verworfen wird. OAGE. vom 22. Oktober 1864. (Ger.-Zeitg. IV S. 233.)

12) Dem Kläger wegen Realinjurie steht eine Nichtigkeitsbeschwerde deßhalb, weil Beklagter nicht wenigstens wegen Mißhandlung bestraft wurde, nicht zu. OAGE. vom 29. April 1865. (Daselbst S. 245.)

13) Wenn bei gegenseitigen Ehrenkränkungen in Folge eines vom Beklagten gestellten Strafantrages der ursprüngliche Kläger auch in eine Strafe verurtheilt wird, so kann, wenn auch dieses erst auf Berufung des allein verurtheilten Beklagten in II. Instanz geschieht, die Vergleichung der Kosten beider Instanzen ausgesprochen werden. OAGE. vom 30. Septbr. 1864. (Zeitschr. XI S. 369.)

14) Auf die vom Kläger allein gegen eine Verurtheilung wegen Ehrenkränkung ergriffene Berufung ist eine Freisprechung des Beklagten unzulässig. (Das. S. 352.)

15) Einem an sich zurechnungsfähigen Minderjährigen steht das Recht zu, selbständig ohne Mitwirkung seines gesetzlichen Vertreters Klage wegen Ehrenkränkung zu stellen. Plenarerkenntn. v. 7. Oktober 1864. (Das. S. 381.)

16) Wenn Jemand wegen Ehrenkränkung und zugleich wegen Amtsehrenbeleibigung angeschuldigt ist, so ist das Bezirksgericht auch für die Ehrenkränkung als I. Instanz kompetent. OAGE. v. 30. September 1865. (Zeitschr. XII S. 464.)

17) Eine generelle, auf alle Rechtsangelegenheiten sich erstreckende Vollmacht legitimirt nicht zur Erhebung einer Ehrenkränkungsklage für einen Anderen. Die Handlungen des nicht legitimirten Vertreters müssen innerhalb der dreimonatlichen Klagefrist vom Vertretenen genehmigt werden. OAGE. vom 4. November 1864. (Zeitschr. XII S. 13.)

18) Es bedarf keiner vollständigen Substanzirung der Ehrenkränkungsklage, um die Kognition des Richters zu begründen. OAGE. vom 12. April 1865. (Ger.-Zeitg. IV S. 276.)

19) Der Kläger kann auf Verhandelübung eines von ihm produzirten Zeugen wirksam verzichten. OAGE. vom 21. April 1865. (Das. S. 243.)

20) Der Ehrenkränkungskläger kann als Zeuge nicht vernommen

werben. OAGE. vom 20. Mai 1865. (Gerichts = Zeitung IV S. 280.)

21) Kann bei einer vor dem Polizeigerichte gestellten Ehrenkränk= ungsklage, wenn Zusammenfluß mit Mißhandlung vorliegt, und nur über letztere verhandelt wurde, auch wegen ersterer geurtheilt werden? (B. G.) (Daf. 254.)

22) Ueber eine bei dem Untersuchungsrichter durch einen wegen eigener Mißhandlung vernommenen Zeugen gestellte Ehrenkränkungs= klage kann vom Strafgerichte gleichzeitig mit der Anschuldigung wegen Mißhandlung abgeurtheilt werden. Erk. des Appell.=Gerichtes von Mittelfranken vom 17. Sept. 1864. (Daf. IV S. 269.)

23) Was hat das Gericht zu erkennen, wenn in einer Ehren= kränkungssache das angegangene Gericht nicht kompetent erscheint? (B. G.) (Daf. S. 332.)

24) Im Strafverfahren wegen Ehrenkränkung kann auf die vom Kläger allein erhobene Berufung das erstrichterliche Urtheil nicht zu Gunsten des Beklagten abgeändert werden. OAGE. v. 31. März 1865. (Zeitschr. XII S. 130.)

25) Bei Beurtheilung einer in wiederholten Aeußerungen began= genen Ehrenkränkung kann eine einzelne Wiederholungshandlung nicht darum unberücksichtigt bleiben, weil sie in der Klage nicht besonders und genau angeführt wurde. OAGE. vom 12. April 1865. (Zeit= schrift XII S. 147.)

26) Im Strafverfahren wegen Ehrenkränkung kann wegen der mit Zustimmung einer Parthei auf Antrag der Gegenparthei gesetz= widrig geschehenen Unterlassung der Verhandgelübbung eines Zeugen keine Nichtigkeitsbeschwerde erhoben werden. OAGE. v. 22. April 1865. (Zeitschr. XII S. 162.)

26) Wenn in Folge einer verübten Thätlichkeit auf Klage des Angegriffenen der Urheber der That in I. Instanz wegen Ehrenkränk= ung verurtheilt, auf seine Berufung in II. Instanz unter der Annahme freigesprochen ist, daß einestheils die That nicht in der Absicht, zu be= leidigen, geschehen, andererseits der Strafantrag nicht auf die Eigen= schaft der That als Mißhandlung gerichtet gewesen sei, so steht dem Kläger zwar eine Nichtigkeitsbeschwerde bezüglich der Eigenschaft der That als Ehrenkränkung, nicht aber hinsichtlich ihrer Eigenschaft als Mißhandlung zu. OAGE. vom 29. April 1865. (Zeitschrift XII S. 172.)

28) Auf die von einem Familienvater für sich und als gesetzlicher

Vertreter seiner Familie gestellte Klage kann im betreffenden Ehren-kränkungsprozesse nicht verlangt werden, daß eines der in der Klage benannten Familienmitglieder als Zeuge auf Handgelübde vernommen werde. OAGE. vom 20. Mai 1865. (Zeitschr. XII S. 232.)

29) Wenn eine Klage wegen Ehrenkränkung in I. Instanz in Folge des Ausbleibens des Klägers beruhend erklärt wurde, muß auf kläge-rische Berufung die II. Instanz in der Hauptsache entscheiden. OAGE. v. 7. Juli 1865. (Zeitschr. XII S. 317.)

30) Es steht der Verurtheilung wegen Ehrenkränkung nicht ent-gegen, daß bei der öffentlichen Verhandlung andere als die in der Klage angeführten beleidigenden Aeußerungen erwiesen wurden. OAGE. vom 17. Juli 1865. (Zeitschr. XII S. 346.)

31) Im Verfahren wegen Ehrenkränkung steht dem Kläger gegen ein Urtheil, welches nach einer in seiner Abwesenheit gepflogenen Ver-handlung erlassen wurde, kein Einspruch zu. OAGE. v. 13. Oktober 1865. (Zeitschr. XII S. 471.)

32) Im Strafprozesse wegen Ehrenkränkung muß jede Parthei für die II. Instanz ihre Angriffs- und Vertheidigungsbeweismittel zum Voraus und ohne die gegnerischen Schritte abzuwarten, namhaft ma-chen, und kann kein Recht, Vertagung zu erlangen, daraus ableiten, daß ihr die gegnerischen Zeugen zu spät bekannt geworden seien, um noch rechtzeitig die Ladung von Gegenzeugen beantragen zu können. OAGE. v. 22. Oktober 1864. (Zeitschr. XI S. 403.)

33) Auf eine Klage wegen Ehrenkränkung kann nach erstrichter-licher Freisprechung des Angeschuldigten in Folge der Berufung des Klägers in II. Instanz die That als Körperverletzung aufgefaßt und der Angeschuldigte wegen solcher verurtheilt werden. OAGE. v. 28. Ok-tober 1864. (Zeitschr. XI S. 409.)

34) Im Strafverfahren wegen Ehrenkränkung kann kein Nichtig-keitsgrund daraus abgeleitet werden, daß in II. Instanz eine Parthei von der Ladung gegnerischer Zeugen zu spät in Kenntniß gesetzt wurde, um selbst noch Zeugen dagegen laden zu können. OAGE. v. 7. Ja-nuar 1865. (Zeitschr. XII S. 1.)

35) Einer Wittwe läuft die Frist zur Klagestellung wegen einer ihrem Gatten bei dessen Lebzeiten zugefügten Ehrenkränkung von dem Zeitpunkte an, da der Beleidigte selbst den Antrag auf Strafverfolg-gung hätte stellen sollen. (Zeitschr. XII S. 6.)

36) Wenn in Ehrenkränkungssachen eine Nichtigkeitsbeschwerde eingelegt wurde, ist der Gegenpartei hievon Mittheilung zu machen

und gegebenenfalls Kenntniß davon zu geben, daß eine Denkschrift eingereicht worden sei. JME. vom 21. Febr. 1865. (JMBl. 1865 S. 20.)

37) Der Vertreter des Klägers in einer Ehrenkränkungssache muß innerhalb der dreimonatlichen Klagefrist die Vollmacht oder Genehmigung des Klägers beibringen. (Stenglein, Gerichts-Zeitg. IV S. 55.)

38) Auch im Verfahren wegen Ehrenkränkung hat der Vorsitzende II. Instanz die Befugniß, zur Aufklärung der Sache nach seinem Ermessen Auskunftspersonen zu vernehmen. (Zeitschr. X S. 162.)

39) Eine 18jährige, an sich handlungs- und urtheilsfähige Person kann für sich allein ohne Mitwirkung des nach bürgerlichen Gesetzen für sie verordneten Vertreters wegen einer ihr zugefügten Ehrenkränkung Klage erheben und verfolgen. OAGE. vom 31. März 1864. (Zeitschr. XI S 86.)

40) Wenn in Ehrenkränkungssachen der appellirende Beklagte bei der Verhandlung II. Instanz nicht erscheint, ist im Ungehorsamsverfahren zu verhandeln. OAGE. vom 31. März 1864. (Ger.-Zeitung III S. 157.)

41) In einer Ehrenkränkungssache kann bei Verurtheilung des Beklagten, wenn nur der Kläger Berufung ergriff, das Urtheil I. Instanz auch zu Gunsten des Beklagten abgeändert werden. (B. G.) (Ger.-Zeitg. IV S. 29.)

42) Im Verfahren wegen Ehrenkränkungen im Uebertretungsgrade steht nicht nur dem Beklagten, sondern auch dem Kläger eine achttägige Berufungsfrist zu. OAGE. vom 1. Juli 1864. (Ger.-Zeitg. III S. 365.)

43) Gegen den Strafvollzugsauftrag eines Einzelgerichtes in einer Ehrenkränkungssache nach geschlossenem Vergleiche in dieser kann keine Nichtigkeitsbeschwerde ergriffen werden. OAGE. vom 22. Juli 1864. (Ger.-Zeitg. III S. 380.)

44) Der Kläger in einer Ehrenkränkungssache hat das Rechtsmittel des Einspruches nicht. (B. G.) (Ger.-Zeitg. III S. 388.)

45) In der Berufungsinstanz können Zeugen zur besseren Aufklärung auch in Ehrenkränkungssachen von Amtswegen vorgeladen werden. (B. G.) (Das. III S. 290.)

46) Die Ehrenkränkungsklage kann auch nach der Aburtheilung in I. Instanz bis zur Rechtskraft des Strafurtheiles zurückgenommen werden. (B. G.) (Stenglein, Ger.-Zeitg. V S. 117.)

Art. 62.

1) Im Strafverfahren wegen Ehrenkränkung kann niemals beiden Partheien die solidarische Haftung für die Kosten überbürdet werden. Solche Ueberbürdung muß auf die vom Kläger allein erhobene Berufung in II. Instanz abgeändert werden. OAGE. vom 31. März 1864. (Zeitschr. XI S. 95.)

2) Gegen einen landgerichtlichen Beschluß, wodurch unter Aussetzung der Entscheidung über die Kosten eine Uebertretungssache an ein anderes Gericht verwiesen wurde, ist auch im Kostenpunkte keine Berufung des Angeschuldigten zulässig. OAGE. v. 15. April 1864. (Zeitschr. XI S. 101.)

3) Wenn eine Klage wegen Ehrenkränkung gegen 2 Personen gerichtet, von diesen aber nur eine verurtheilt worden ist, kann die eine Hälfte der Kosten dem Verurtheilten, die andere Hälfte dem Kläger überbürdet werden. OAGE. vom 30. Juli 1864. (Zeitschrift XI S. 270.)

4) Wenn auf Berufung des Klägers in einer Ehrenkränkungssache der Beklagte in II. Instanz freigesprochen wird, während in I. Instanz auf Kompensation gegenseitiger Ehrenkränkungen erkannt worden war, so liegt hierin keine reformatio in pejus für den Kläger. Solidarische Haftung für die Kosten besteht in Ehrenkränkungssachen zwischen Kläger und Beklagten nicht. OAGE. vom 31. März 1864. (Ger.-Zeitg. III S. 172.)

Art. 66.

1) Vorschriften über die Geschäftsbehandlung in Uebertretungssachen v. 26. Mai 1862. (Besonderer Abdruck.)

Nachtrag hiezu in JMEntschl. vom 21. November 1862. (Unterfränkisches Kreisamtsbl. 1862 S. 2220.)

Zu diesen Vorschriften erschienen mehrere Erläuterungen, namentlich:

a) Ueber die Erhebung der persönlichen Verhältnisse der Beschuldigten durch die Staatsanwaltsvertreter in Fällen, da die Vorstrafen eine höhere Strafgattung oder die Zulässigkeit einer polizeilichen Maßregel bedingen, namentlich bei Bettel und Landstreicherei. JME. vom 25. Juni 1863, 7. April 1865, 5. März 1866, 22. März 1866. (JMBl. 1863 S. 64; 1865 S. 58; 1866 S. 41, 54.)

b) Zu §. 29.

Ueber Vorladung von Lofal= und Diſtriftsſchulinſpektoren in die öffentlichen Sitzungen. JME. vom 13. Dezember 1864. (Autogr.)

c) Zu §. 50.

Ueber die Aufſicht auf Landesverwieſene. JME. vom 18. Fe= bruar 1865. (JMBl. 1865 S. 19.)

d) Zu §. 50 — 53.

JME. vom 26. Juni 1862 Ziff. 9. (JMBl. 1863 Ergänz.=Heft S. 13.) Entſchl. des St.=M. der Juſtiz und des Innern vom 27. März 1864. (JMBl. 1864 S. 66.) JME. vom 6. Februar 1866, Nr. 5327. (Autogr.)

e) Zu §. 59 Abſ. 3:

Wegen Zögerungen des Rentamtes bei Mittheilung fraglicher An= zeigen ſ. Finanzmin.=Entſchl. vom 18. Juli 1864, Nr. 8263.

f) Zu §. 63.

JME. vom 30. Mai 1864 und 2. November 1864. (JMBl. 1864 S. 153, 261.)

2) Auch in Uebertretungsſachen muß der Staatsanwalt die Nich= tigkeitsbeſchwerde unter Anführung der Beſchwerdepunkte anmelden, OAGE. vom 20. Mai 1865. (Ger.=Zeitg. IV S. 337.)

3) Ueber das Verfahren in Uebertretungsſachen. (Ger.=Zeitg. I S. 43, 61.)

4) Auch im Strafverfahren wegen Uebertretung iſt es ein Nich= tigkeitsgrund, wenn weder in einem Strafurtheile noch in einem Sit= ungsprotofolle beider Inſtanzen angeführt iſt, daß die angewendeten Geſetzesſtellen verleſen worden ſeien. OAGE. vom 6. Mai 1864 und vom 29. September 1864. (Zeitſchr. XI S. 116, 364.)

Art. 69.

1) Wenn der wegen Ehrenkränkung Beklagte nach ſeiner gegen die erſtrichterliche Verurtheilung erhobenen Berufung im Verhandlungs= termine der II. Inſtanz nicht erſcheint, ſo hat dies keine andere Folge, als daß in ſeiner Abweſenheit verfahren und entſchieden wird. OAGE. vom 31. März 1864. (Zeitſchr. XI S. 92.)

2) Wenn in einer Ehrenkränkungsſache von der Ladung eines Zeugen zur Verhandlung II. Inſtanz auf Antrag des Klägers dem Beklagten keine Kenntniß gegeben und vom Kläger in die Sitzung mitgebrachte Zeugen verhandgelübbet wurden, der Beklagte jedoch da=

gegen keinen Einwand erhob, noch Vertagung beantragte, so kann derselbe mit jenen Formwidrigkeiten keine Nichtigkeitsbeschwerde begründen. OAGE. vom 2. Septbr. 1864. (Ger.-Zeitg. III S. 369.)

3) Als verdächtige Zeugen erschienene Personen können, wenn
sie auf die Vorladung verzichten, sofort abgeurtheilt werden. (St. G.)
(Ger.-Zeitg. II S. 30.)

Art. 70.

1) Im Strafverfahren wegen Ehrenkränkung kann jede Parthei
auch vor Erlassung des Urtheiles einen Vertreter zur Einwendung aller
Rechtsmittel bevollmächtigen. OAGE. vom 7. Mai 1864. (Zeitschrift
XI S. 125.)

2) Zur Einlegung von Rechtsmitteln in Uebertretungssachen
durch einen Vertreter ist eine hierauf gerichtete spezielle, wenn auch im
Voraus ertheilte, Vollmacht erforderlich. OAGE. vom 13. Mai 1864.
(Ger.-Zeitg. III S. 210.)

3) Ein als Vertreter im Voraus auch zur Anmeldung von
Rechtsmitteln Bevollmächtigter in Ehrenkränkungs- und anderen Uebertretungssachen kann ohne spezielle der Publikation des Urtheiles nach-
folgende Vollmacht Rechtsmittel wirksam anmelden. OAGE. vom
7. Mai 1864. (Ger.-Zeitg. III S. 208.)

4) In Uebertretungssachen kann der nicht rechtskundige Ehemann
der Beschuldigten nicht als deren Rechtsbeistand bei der Aburtheilung
erscheinen. (B. G.) (Das. III S. 244.)

5) Privatvollmachten in Uebertretungssachen unterliegen dem
Stempel zu 30 Kreuzer. Fin.-Min.-Entschl. vom 5. März 1865.
(JMBl. S. 44.)

6) Die Beglaubigung der Privatvollmachten in Uebertretungssachen durch den Gemeindevorstand hat kostenfrei zu geschehen. Entschl.
des k. Staatsminister. des Innern vom 23. Mai 1865. (JMBl. 1865
S. 86.)

7) In Uebertretungssachen kann ein Vertreter auch im Voraus
zur Einwendung aller Rechtsmittel bevollmächtigt werden. OAGE.
vom 9. Juni 1865. (Zeitschr. XII S. 257.)

8) Ein für alle Instanzen bevollmächtigter Vertreter kann Rechtsmittel wirksam anmelden. OAGE. vom 30. Januar 1863. (Ger.-
Zeitg. II S. 153.)

Art. 71.

Auch im Verfahren vor den Forststrafgerichten sind jetzt die Zeugen nicht eidlich, sondern auf Handgelübbe zu vernehmen. OAGE. vom 1. April 1865. (Zeitschr. XII S. 136.)

Art. 72.

Gegen die Beahndung eines Beschuldigten wegen ungebührlichen Benehmens in der öffentlichen Sitzung durch den Einzelrichter findet keine Berufung statt. OAGE. vom 3. März 1865. (Zeitschrift XII S. 85.)

Art. 74.

1) In Uebertretungssachen ist bei Abwesenheit des Beschuldigten kein Vertheidiger, sondern nur ein Vertreter zuzulassen. (B. G.) (Ger.-Zeitg. II S. 136.)

2) Dem Kläger in Ehrenkränkungssachen steht kein Einspruch zu. (B. G.) (Zeitschrift III S. 193.)

Art. 76.

Gegen Ablauf der Frist zur Vorbringung von Einwendungen gegen die in einer Uebertretungssache erlassene Strafverfügung ist Restitution zulässig. (B. G.) (Ger.-Zeitg. III S. 180.)

Art. 77.

1) Im Strafverfahren wegen Ehrenkränkung läuft auch dem Kläger eine achttägige Berufungsfrist. OAGE. vom 1. Juli 1864. (Zeitschr. XI S. 250.)

2) Anmeldung der Berufung. (B.G.) (Ger.-Zeitg. III S. 291.)

3) In Uebertretungssachen kann auch ein Vertreter Rechtsmittel wirksam anmelden, er muß aber, wenn auch im Voraus, speziell ermächtigt sein. OAGE. vom 27. Januar 1865. (Ger.-Zeitg. IV S. 149.)

Art. 78.

Auch gegen ein appellationsgerichtliches Urtheil, wodurch eine ursprünglich als Vergehen verwiesene That als Uebertretung erklärt wurde, findet keine Wiederaufnahme des Verfahrens statt. OAGE. vom 28. Juni 1864. (Zeitschr. XI S. 190.)

Art. 96.

Vom Jahre 1866 an ist bei der nach Art. 87 d. StPG. vom 10. Nov. 1861 vorzunehmenden Wahl in den der Kreisregierung un-

mittelbar untergeordneten Städten für je 700 Seelen, in den übrigen
Bezirken für je 1400 Seelen der Civilbevölkerung ein Geschworener
zu wählen.

Die Bestimmung des Art. 80 Abf. 4 d. StPG. vom 10. Nov.
1848 und Art. 90 Abf. 4 d. Einf.=Gef. vom 10. Nov. 1861 findet
auch hier Anwendung. Landtagsabschied vom 10. Juli 1865. Abschnitt
III §. 37. (Gef.=Bl. 1865 S. 130.)

Art. 99.

Die Hauptlisten der bei den Schwurgerichtssitzungen zu verwen=
denden Geschworenen sind von den Landräthen bei deren Zusammen=
tritt im Jahre 1866 in der Art zu erhöhen, daß sich auf jeder Haupt=
liste, ohne Einrechnung der nach Ziffer 1 (siehe Art. 99 d. StPG.)
vorübergehend vom Geschworenendienste befreiten Personen für je 700
Seelen der Civilbevölkerung des betreffenden Regierungsbezirkes ein
Geschworener befindet.

Im Falle eines später eintretenden Steigens oder Sinkens der
Bevölkerung ist die Hauptliste bei dem auf die Volkszählung folgen=
den Zusammentritte des Landrathes in der zur Herstellung des angege=
benen Verhältnisses erforderlichen Weise weiter zu erhöhen oder zu
vermindern.

Die Bestimmung des Art. 80 d. StPG. vom 10. Novbr. 1848
und Art. 90 Abf. 4 d. Einf.=Gef. vom 10. Novbr. 1861 findet auch
hier Anwendung. Landtagsabschied vom 10. Juli 1865, Abschnitt III
S. 37 Nr. 3. (Gef.=Bl 1865 S. 131.)

Art. 129.

Abf. 4.

Wenn der Angeschuldigte zwar zur Ausführung seiner Nichtig=
keitsbeschwerde einen Bevollmächtigten aufgestellt, aber dessen Ladung
in die oberstrichterliche Sitzung nicht ausdrücklich beantragt hat, kann
er auf Unterlassung der Ladung keinen Einspruch gegen das oberst=
richterliche Erkenntniß gründen. OAGE. vom 4. November 1864.
(Zeitschr. XI S. 415.)

Art. 135.

1) Auch die Verwerfung des Einspruches gegen ein oberstrichter=
liches Erkenntniß kann die Verhängung einer Geldstrafe bis zu 100 fl.
oder eine Arreststrafe bis zu 30 Tagen zur Folge haben. OAGE.
vom 4. Nov. 1864. (Zeitschr. XI S. 415.)

4

2) Die in diesem Art. erwähnte Arreststrafe ist, wenn Jemand zu einer in einer Gefangenenanstalt zu erstehenden Gefängnißstrafe verurtheilt ist, auch in der Gefangenenanstalt zu vollziehen. Entschl. des k. Staatsm. des Innern vom 30. April 1864, mitgetheilt durch JME. v. 4. Mai 1864. (JMBl. 1864 S. 124.)

Art. 139.

Die II. Instanz ist, nachdem auf Beschwerde des Angeklagten das von ihr erlassene Urtheil vernichtet worden, nicht gehindert, nach der wiederholten Verhandlung eine höhere Strafe als das erste Mal zu verhängen. OAGE. vom 14. Oktober 1865. (Zeitschr. XII S. 479.)